中国名著甲乙丙

闫帮仁　编著

贵州出版集团
贵州人民出版社

出版说明

　　兴趣是最好的老师,知识的学习更是如此。如果学习者缺乏兴趣,阅读就将是一个枯燥无味的过程,轻松快乐的学习也就无从谈起。基于这样的事实,本着"兴趣阅读、快乐学习"的理念,我们经过深入调研,与国内的众多专家学者及一线教师全力合作,为所有希望将学习变得轻松愉快的朋友奉献上"快乐阅读"书系。

　　"快乐阅读"书系,以知识的轻松学习为核心,强调阅读的趣味性。它力求将各种枯燥无味的知识以轻松快乐的方式呈现,让读者朋友便于理解接受。它的各种努力,只有一个目标,即力图将知识学习过程轻松化、趣味化。读者朋友在阅读过程中,既能保持心情愉快,又能学有所得。在轻松愉快的氛围中学习,让知识学习成为读者朋友的兴趣,本身就是提高学习效率最有效的途径。

　　"快乐阅读"书系首批图书分为"语文知识"、"作文知识"、"数学知识"、"文学导步"、"文学欣赏"、"语言文化"、"个人修养"七大板块,各个板块之下又有细分。英语、生物、化学等相关的知识板块将会在以后陆续推出。针对不同学科知识的特点,本书系以不同的方式来达到轻松快乐的目的。要么是以故事的形式,在故事的展开之中融入相关知识;要么是理清该知识点的背景,追根溯源,让读者朋友知其然,更知其所以然,让理解更为轻松。总而言之,就是以最恰当的方式呈现相关的知识。

　　希望这套"快乐阅读"书系能陪伴每一位读者朋友度过美好的阅读时光。

编　者

2014 年 5 月

目　录

中国名著甲乙丙

中国名著甲乙丙

旅程大略

何为"名著"？它们是人类时空中不朽的且发挥重要作用的坐标。概而言之，就时间而言(动态的)，它们经历了各个时代的筛选，影响深远；就空间而言(静态的)，它们是那个时代独特的标识，与当时的历史相互印证。那么从时空交点中，我们可以看到人类精神文明的轨迹，探寻人类智慧的漫长历程。鉴于此，以下名著将按历史顺序罗列，对它的介绍也同样放在历史的坐标中。理由是，它们只有在具体的历史中才会有鲜活的生命热量，我们也才会知道"它们从哪里来，到哪里去"。

可以说，中华文化史上下五千年的历程大体上是由这些"名著"编织而成的。是的，我们知道在四大文明古国中，其他三个文明早已成为遥远的回响，只有中华文明从未间断过，至今仍熠熠生辉。环顾世界，从没有哪个文明像中华文明那样呈现出如此顽强的生命力和感召力。当然，这当中有历史的、文化的、地理的等诸多因素，对此有兴趣的读者可作深入的思考。但从这些遗存的名著中我们也大体触摸到了中华文明的脉络以及先民们的那些遥远的故事，它们至今仍然影响着我们的生活习惯和思维方式。

本书是在比较短的时间里编撰而成，要完成中国数千年的名著的概说，显然并不容易。我们尽量选取在中国政治思想文化方面产生较大影响的名著，对诗、词、曲、小说尽量从略。关于小说，由于本套书中已有其他书作了专门的介绍，本书中就从略；诗、词、曲等文学作品，也只是点到为止。另外，中国古代的名著基本上都是文言文，完全以现代白话文来书写有可能损害它们本身的内涵和意蕴，就像不可能把古诗翻译成白话

文后编入教材,所以文中有些古文保持原样,但并不影响对该名著的了解。

两千字左右的短文也只是知识性的普及和介绍,我们在编写的时候尽量凸显出其思想及影响,达到目的没有? 还请读者评价。尽管如此,如没有今天广泛丰富的资源,是根本无法完成本书的,所以书中不少内容大体上都是借鉴了相关资料。即便如此,估计也有一些很重要的名著被我们遗落了,还望读者见谅!

我们的目的是希望读者朋友在较短的时间里能够获知及了解中华文化中有哪些经典名著,并了解这些名著的主要思想及内容。倘若是研究和学习那当然得去读原著了。

中国文化的活水源头

——《周易》

一

　　在遥远的古代，你是否认为当人们在面对瞬息万变、变幻莫测的大千世界和自身复杂的精神世界时，他们是不是束手无策、坐以待毙、惶惶不可终日呢？如果你这样想就大错特错了。因为《周易》比较生动形象、具体地展现了那个时候人们的生存智慧和生活法则。尽管放到今天，它的那些神秘虚幻的思想已不合时宜了，但它的光辉照耀了中华文明史几千年。那《周易》究竟是一本什么样的书呢？

　　概而言之，《周易》是中华文明史上一部博大精深、影响深远、流传久远的典籍，冠居"群经"之首和"大道之源"之称。几千年来，《周易》以其外在的魅力（主要指它那奇特的结构形式和抽象的符号特征），以及它那博大精深的内容（主要指深奥莫测的义理和复杂神奇的运算机制），吸引着人们孜孜不倦地在各个领域进行探寻和应用，从而形成了蔚为壮观的"易学"研究体系。

　　我们现在来看看《周易》其书的由来，也许你会疑惑"《易》、《易经》、《周易》"是一本书还是不同的书。它们实际上指的是一本书。我们知道"四书五经"中的"五经"为《易》、《诗》、《书》、《礼》、《春秋》，后来的"经"是为了尊称这些书，而加上的称呼，其完整的表述应为《易经》、《尚书》、《诗经》、《礼记》、《春秋》。关于周易之"周"主要有四种说

法:其一,东汉郑玄认为"周"是"周普"的意思,也就是探求普遍的变易法则;其二,唐代孔颖达认为"周"是指岐阳之地名,周朝之代称;其三,根据《史记》记载的"文王拘而演周易",认为《易经》乃周文王所著;其四,据《周礼》记载,有《三易》的说法:它们是《连山》、《归藏》和《周易》,为三个不同朝代的三本占筮书。"连山"为夏朝的占筮书,"归藏"为殷商的占筮书,而"周易"是周朝的占筮书。但在早期的文献中,譬如在《论语》、《庄子》、《左传》中却只称《易经》为《易》,并未称"周易"。因而,就文献而言,"周"应该是后来加上去。换言之,《易经》或《周易》原来只称为《易》,即为一本书。

而对于周易之"易"主要有以下几种说法:一、易是由于蜥蜴而得名的,为象形字,这种说法源自许慎《说文解字》;而蜥蜴以善于变色著称,因而"易"的变易义来自于蜥蜴的引申义。二、日月为易,象征阴阳。三、变易、变化之意,认为天下万物是常变的。四、交易,意思是指阴消阳长、阳长阴消的相互变化,如太极图所显示的一样。五、易即为"道",指恒常的真理,即使大千世界随时空而变幻,但恒常的道是不变的。《系辞传》:"生生之谓易。"

《周易》甲骨文刻片

东汉郑玄在其著作《易论》中认为"易一名而含三义:简易一也;变易二也;不易三也。"这句话实际上概括了易的三层意思:"简易"、"变易"和"不易"。大致是说宇宙万物存在的状态为:其一是顺乎自然,表现出易和简两种性质;其二,是表现在时时变易之中;其三,指的是保持一种恒常。

从上面的介绍中我们大约知道了《周易》的由来,现在我们探讨《周易》的成书过程。但颇为遗憾的是该书成于何时，成书于何人，迄今仍无定论。据《汉书·艺文志》记载："《易》道深矣，人更三圣，世历三古。"此说多为汉代知识分子认同，《周易乾凿度》有云："垂皇策者羲，益卦德者文，成名者孔也。""三圣"、"三古"之说，简而言之，即是说：上古时代，具有通天象征的黄河显现神兽"龙马"，而背上有着神奇的图案，于是圣人伏羲将它们临摹下来，并仰观天象、俯察地理，远求近取而作"八卦"；中古时代，周文王被纣囚禁于羑里，于是体察天道人伦阴阳之理，将伏羲八卦推演为六十四卦，并作卦爻辞，也就是前面所讲的"文王拘而演《周易》"；到了下古时代，孔子感叹当世的礼崩乐坏，于是作传解经，故撰写《易传》十篇。因为是阐释经文大义，犹如经的羽翼，故汉人又称之为"十翼"，指的是《彖传》（上、下）、《象传》（上、下）、《文言》、《系辞传》（上、下）、《说卦传》、《序卦传》、《杂卦传》，共计七种十篇，后世称之为《易传》。

我们现在所说的《周易》实际上包括"经"和"传"两个部分，"经"主要是指它的原始意义，即作为算卦的人判断、说明吉凶祸福的依据；"传"是对经的种种解释。几千年来，对之的阐发众说纷纭，臆测不断，显示出无穷的智慧。

二

这"无穷的智慧"表现在哪里呢？下面我们一起探讨它神秘莫测的思想。

《周易》本身是一部讲卜筮的书，卜筮就是算卦。本来"卜"和"筮"是两种算卦的方法。"卜"是用一种特定的工具钻灼龟甲、兽骨，根据甲骨上出现的裂纹形态来判断吉凶，然后把结果刻在甲骨上存档备查。清末光绪年间在河南安阳发现了大量的商代甲骨文字，就是那时"卜"的记录。所以甲骨文也叫"卜辞"。

"筮"是用蓍（shī）草（错草）来算卦。据说是用49根蓍草随意分成

两份儿握在两只手里,然后再按一定的要求分份儿,根据其数目组合的奇数偶数关系确定"阴"和"阳",然后画出卦来判断吉凶。《易经》讲的就是筮法算卦。殷人用龟卜,周人则龟卜、筮占并用。因为筮法是从西周发展起来的,所以《易经》又叫《周易》。《周易》把历史上长期累积的资料、经验加以综合、概括,使各种数目组合类型化、理论化,从而作为算卦的人判断、说明吉凶祸福的依据。这就是《周易》的原始性质。

《周易》的理论基础是"阴"和"阳"这样一对矛盾对立的概念,分别用两条短线表示。一条线中间断开,画成" -- ",代表"阴";一条线不断,画成"—",代表"阳"。这两条线就是《周易》讲卜筮的基本符号。

根据《周易》的观点,宇宙间万事万物,人世间一切现象,无不可以抽象为阴阳两大类。比如:地为阴,天为阳;月为阴,日为阳;夜为阴,昼为阳;低为阴,高为阳;里为阴,表为阳;偶为阴,奇为阳;女为阴,男为阳等等。因此" -- "、" -- "两个符号可以代表宇宙和人世的一切。

古人观察世界的构成还有一个着眼点,就是上有天,下有地,中间有人事活动。古人把这三者称为"三才"(表示天地人三界),所以把阴阳两个符号按各种排列法叠为三层,可以得到八种组合。每一种组合叫一个"卦",八种组合就是"八卦",再给每个卦起一个名字,就代表了森罗万象的大千世界。它们是:乾(☰)、坤(☷)、震(☳)、巽(☴)、坎(☵)、离(☲)、艮(☶)、兑(☱)。

这八个卦的组合正好两两相对:乾、坤两卦一个三连线,一个三断线;震、艮(gen)两卦,一个上二断线,一个下二断线;离、坎两卦一个中间断线,一个中间连线;兑、巽(xun)两卦一个上一断线,一个下一断线。所以过去流传着一个帮助记忆八卦的口诀:

乾三连(☰),坤六断(☷);震仰盂(☳)(像个水盂底在下),艮覆碗(☶)(像个水碗底朝上);离中虚(☲),坎中满(☵);兑上缺(☱),巽下断(☴)。

这个排法是为了记忆方便。按《周易·说卦》的排法是："乾、坤、震、巽、坎、离、艮、兑"。此外还有一个按方位的排法是："乾（西北）、坎（正北）、艮（东北）、震（正东）、巽（东南）、离（正南）、坤（西南）、兑（正西）"。

八卦各有自己所代表的自然现象。据《周易·说卦》的说法是"乾为天，坤为地，震为雷，巽为风，坎为水，离为火，艮为山，兑为泽"。这是最基本的也是最原始的代表关系，到后代又逐渐增加了许多代表关系，如方位、季节、人体、动物、伦理关系等等。一个卦所代表、象征的物象叫做"卦象"。八卦还可以体现各种性质：乾，刚健；坤，柔顺；震，起动；巽：进入；坎，下陷；离，依附；艮，静止；兑，喜悦。这些卦象的性质叫做"卦德"。

但是八个卦毕竟有限，为了体现更多更复杂的事物关系，后来又把八个卦两两重叠起来，成为 8 × 8 = 64 卦。把八卦重叠起来叫"重卦"。重叠以后的 64 卦又叫"别卦"。

阴阳两个符号在卦画里叫做"爻（yáo 摇）"，每一个别卦都有六爻。在《周易》里每个别卦都有"卦辞"，每个爻都有"爻辞"。卦辞是判断本卦吉凶的，爻辞是解说每个爻在本卦中的象征意义的。

《周易》堪称我国文化的源头活水。它的内容极其丰富，对中国几千年来的政治、经济、文化等各个领域都产生了极其深刻的影响。无论孔孟之道，老庄学说，还是《孙子兵法》，抑或是《黄帝内经》、《神龙易学》，无不和《易经》有着密切的联系。一代医家孙思邈曾经说过："不知易便不足以言知医。"易，变也！各种病不了解病根变化如何了解医治之法？简直可以一言以蔽之：没有《易经》就没有中国的文明。

一个永不枯竭的井泉

——《老子》

老子究竟是何许人也?《老子》一书又成书何时? 历来众说纷纭,而且还附会不少的传奇色彩和神秘趣闻。关于老子目前三种说法:其一是说老子姓李,名耳,字聃,做过周朝史官,孔子曾向他请教过;其二是说老子就是与孔子同时的老莱子,老聃与老莱子是同一个人,这一点连史学大家司马迁也怀疑;其三是说老子就是秦献公时期由周入秦的太史儋,但如此推算孔子所见的老子(儋)须活上两百余岁才行,当然这一点司马迁也不太相信。以上三种说法主要见于司马迁史的《史记》。一般的说法认为老子约生于公元前 576 年至前 478 年。

老子所著的《老子》有时又称之为《道德经》(《道德经》是后来的称谓)。关于《老子》一书的成书时间也是争执不断。尽管关于老子及《老子》一书的许多东西现已无法详考,但可以肯定的是,其思想内容并不是无源之水、无本之木。《老子》一书归纳起来大体有以下几个方面的渊源:首先它是受中国史前文化影响的产物。《老子》一书中可以隐隐约约看到母系氏族社会的易风

老子雕像

移俗的影响,譬如"无为而治"、"功成身退"的治国主张,就与皇帝、舜的古老传说有关。其次是对夏、商、周三代兴亡的历史经验与思考结果,而这些历史经验主要体现于"五经"之中。如以其中的《周易》而言,老子就摒弃了《周易》中的卜筮之术,而继承了"推天道以明人事"的思维方式和矛盾变化的辩证思想,譬如老子关注的"成败、存亡、祸福、古今之道"等等,对其中的礼乐教化之类的论述较少。最后是与春秋时期哲学思想的积累有关。《老子》一书主要是关于"道"的思考和探索。在此之前,也有不少的相关说法,其中管子对于"天道、天常"的论述也使老子深受影响和启发。那么老子在"道"上作了怎样的发挥呢?

据考察,在现今出土的甲骨文中并未发现"道"的提法,在其后的金文中,"道"是在"行"中间夹一个"首"字。在郭店竹简《老子》一书中,"道"写法的是"行"中间夹着一个"人"字,据此可知,"道"的原始意义指的是人在路上行走。西周过后,道即引申为规律或者法则,越来越具有抽象的意味,在《尚书》中提到的"王道"就指的是王者治国必须遵循的法则。到后来,道一方面指道路的意思,另一方面表示沿着道路去引导,春秋时期,则发展为"有道"、"不道"、"生民之道"、"亲之道"等等,然后又引出"天之道"、"人之道"等更具有普遍意义的规则和法则。到了老子,对"道"的思考推到更深远的地方,"道"从普遍性的规律或法则变成了"宇宙的本原(或本体)"。"道"是总规律,是最高的真理,也是最真实的存在。

老子的"道"实际上指的是那种传世神话中的混沌状态,换而言之,我们不可能用任何有限的概念或语言来界定"道"、说明"道"。道作为宇宙的本原,指的是天地万物都是从这个"混沌之道"中产生出来的,为天下母。

道的作用体现在道的永恒变化和运动上,这是道所固有的,也是天地万物固有的,运动的规律是从大道开始,产生天地万物;然后再从天地万物又返回到大道。实际上这个作用主要是通过矛盾双方的相反相成

和互相依存来体现的,譬如有无、得失、祸福、善恶、美丑、曲直等等的矛盾是相互可以转化的,是一种普遍性和客观性的存在,表现了人类活动和经验运用中的生活智慧。

老子这一思想逻辑依据在哪里？老子是从"以道观天"到"以道观人"这一思路得来的,即从天道到人道。老子的治国之道或人道论可以用"自然无为"来概括,其理论依据就是"道法自然"。道既然是宇宙的本原,又是万物的根本法则,那么有关人道的一切问题都必须以道为根据。老子说:"人法地,地法天,天法道,道法自然。"(《老子》二十五)也就是说,老子是以道观天、观地、观人所得出的结论,这里暗含了许多知识和经验。人以大地为法则,反映了人类对土地和农业的依赖关系;地以天为法则,意思是说农业活动要遵循天象和气象的变换;天以大道为法则,意思指我们要相信天象、气象各自的客观规律。"道法自然"是说道以自己本来的样子为法则,也就是自然而然。对人来说,从"法地"、"法天"最终落实到"法道",而"法道"就是法自然,没有神力,没有矫饰,永恒的,自发的,自然而然。按老子的意思,自然就是无为。王者、诸侯也应该像道一样以无为来治理国家,也就是要顺其自然。需要说明的是,这里的无为并不是无所作为,而是指不要胡作妄为,不要好大喜功,要以一种客观事物本来的态势行事,不要贪得无厌,要少思寡欲,不要随便生事,找借口攻打别人等等。这些都是治理国家应体现出来的"无为"。这一思想后来被庄子继承和发挥。

这就是《老子》一书从天道来观察人道、观察治国之道的整体思想。《老子》一书提到的"道、气、象、有、无、虚、实、味、妙"等范畴,对中国艺术史和美学史也影响深远,可以说直接影响了后来的"澄怀味象"(魏晋南北朝美学家宗炳)、"气韵生动"、"境生于象外"、"虚实结合"等理论的发展,同时还对宗教、医药、科技甚至包括烹饪在内都产生了很大影响。

《老子》早已成为世界历史文化遗产的宝贵财富之一。早在 19 世纪初,欧洲就已经开始了对《老子》的研究,到 20 世纪中叶,欧洲已有 60

多种《老子》译文,德国哲学家黑格尔、尼采,俄罗斯大作家托尔斯泰等对《老子》都曾进行过深入的研究,并且都有相关专著或专论问世。黑格尔曾说:"中国哲学中另有一个特异的宗派……是以思辨作为它的特性。这派的主要概念是'道',这就是理性。这派哲学及与哲学密切联系的生活方式的发挥者是老子。"

美德的最高文本

——《论语》

作为儒家经典之作的《论语》，对中国历代文化之影响可谓深远。北宋政治家赵普曾说："半部《论语》治天下"，从中我们可以看出此书在中国古代社会所发挥的作用与影响。那么《论语》究竟是一本什么样的书呢？

作为儒家学派经典著作之一的《论语》，是在孔子死后七十多年的战国（前400年左右）时期，学者根据保存下来的孔子与弟子的谈话记录整理编撰的，所以它以语录体和对话文体为主。通行的《论语》共20篇，以含蓄隽永、言简意赅的语言记录了孔子及其弟子言行，是了解和研究孔子及孔子的政治主张、伦理思想、道德观念及教育原则等的主要文本。它与《大学》《中庸》《孟子》《诗经》《尚书》《礼记》《易经》《春秋》并称"四书五经"。

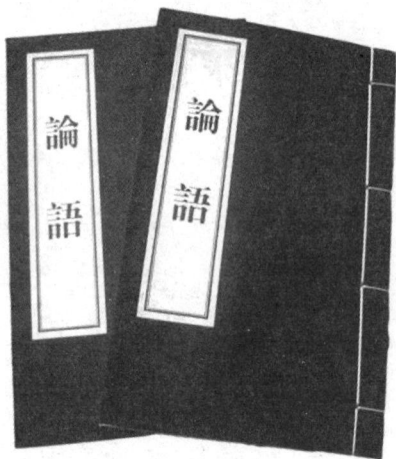

《论语》书影

从《论语》中有关孔子的言论来看，孔子并不是有意识地书写给后人阅读的。我们知道，孔子是"述而不作"的，因为在当时私人著书立说还未兴起。我们可以说，孔子是中国的第一位私人教师，但不是中国的第一位私人著述家。为了更好理解《论语》这本书，我们应先对孔子有所了解。

孔子姓孔名丘，约公元前551年出生于鲁国（在现山东省南部），他的祖先曾是周朝之前的商朝贵族后裔，周朝取代商朝后，其家族生活于当时的宋国。后因社会动乱及其兼并战争，孔氏家族在孔子还未出生之前已失去贵族身份，不得不迁居鲁国。孔子三岁丧父，家境贫困，因在家族中排行老二，也有人称之为孔老二，他自己说道："吾少也贱，故多能鄙事。"孔子年轻的时候在鲁国做过委吏（会计）与乘田（管理牲畜）的小官，直到五十岁时才升到中都宰、司空（处理公共工程之类的官）、司寇等职，可以说官当得不小了。后由于政局动乱，被迫退职出走。此后的十三年间，孔子带着弟子开始周游列国，希望能寻找机会实现他的政治、社会改革理想等抱负，但却到处碰壁。七十岁左右又回到鲁国，开始致力于教育事业，也可能在这个时候编写了"六经"。据《史记》记载，他有门徒三千，身通六艺者七十二人。

正如前面所讲，孔子自己述而不作，并没有留下自己所著的只言片语，只能从他的弟子及再传弟子所编撰的《论语》中去了解他的思想。《论语》这一书名是当时的编撰者给它取的，即是说它是一本语言的论纂。

在《论语》中，我们所知道的孔子更多的是扮演教师的角色。作为教师，他一方面认为迫切的任务是向他的学生阐释古代文化遗产，以经书包含的各种知识教诲学生，使学生能成为国家和社会的栋梁之才，即所谓的"成人"；另一方面，他在阐释古代的各种典制、思想时，几乎是根据自己对道德的理解来诠释古代的经书。这一思想直接影响了他后来的弟子，他们在讲解经书时也像老师一样注入自己的思想见解，后来的经书注疏可谓汗牛充栋，其后形成了《十三经注疏》。

孔子的思想主要集中在人的问题上。他认为美满社会是由好的政府与和谐的人际关系所共同营造的，好的政府应当以德治民，以身作则，而不是诉诸刑罚或暴力；他认为善恶的标准是义不义，而不是利不利；对

于家庭问题则重在尊长孝道;在一般的社会层次上则主张"礼",即合宜的行为。礼,从大处说便是历朝历代的典章制度,从小处说便是一族一姓的风俗习惯。

孔子的思想,一般可归纳为以下几个方面。

首先,正名。他认为一个社会要想走上正轨、井然有序,首要的是给予"正名",即孔子所谓的"名不正则言不顺;言不顺则事不成;事不成则礼乐不兴;礼乐不兴则刑罚不中;刑罚不中则民无所手足"(《论语·子路》)。有一次,孔子的弟子子路问他:"卫君等着您去治理国家,您准备首先干什么?"孔子道:"一定要先正名分。"其实孔子的说法更深一层的意义在于,在社会关系中,每一个名字必然包含一定的社会责任和义务。譬如君臣父子在社会里,各有责任和义务,有其名就应该完成各自的责任和义务。可以看出,这种"正名"实际上强调的是伦理等级关系,即人伦纲常,而维系人伦纲常的精神纽带的是礼让。换句话讲就是每个人在各自的社会阶层各按其份、各按其责,社会秩序才会井然有序。

其次,仁德。在《论语》一书中出现次数最多的字是"君"和"仁"。孔子博学多才,他教学生"六艺",但是更注重的是人格的培养。在孔子看来,"仁"是一个人格高尚的人必备的基本品德。孔子曾经从各种不同的角度给学生们讲"仁"的表现形式,却从来没有给"仁"下过定义。我们可以用今天的话给他概括出一个定义来:"仁"就是"广泛地爱大众",也就是"博爱"。把它转换成通俗的中国老百姓的语言就是"待人忠厚"。据孔子的见解,从这个基本品性出发,就可以将心比心,推己及人,做到"己欲立而立人,己欲达而达人"(《雍也》),"己所不欲,勿施于人"(《颜渊》);也可以严格要求自己,一切按礼法办事而不损害别人,做到"克己复礼"。即"非礼勿视,非礼勿听,非礼勿言,非礼勿动"(《颜渊》)。

最后,知天命。孔子有一段著名的话:"吾十有五而至于学,三十而立,四十不惑,五十而知天命,六十耳顺,七十而从心所欲,不逾矩。"(《论语·为政》)这里的"知天命"似乎有宿命论色彩,这和孔子的思想不符。我们知道，他的行为是"学而不厌，诲人不倦"、"发愤忘食，乐而忘忧"的，因而我们对于命的理解就应该是自然界中的一种必然性，即所谓的"谋事在人，成事在天"。概言之，他在主观努力上始终坚守一个仁，在客观的社会中看清一个命。

以上似乎是在谈论孔子的思想，实际上也是《论语》一书中的主要思想，我们根本无法将二者分开。离开了《论语》，孔子无从谈起；离开了孔子，《论语》也一样。

在《论语》里还谈到很多关于学习的问题，譬如学习的态度、学习的方法、学习的内容、学习的目的等等，这在中外教育史上无疑有着重要的意义。作为教育家，孔子在很多地方也总结出丰富的教育经验，譬如教育的指导思想"有教无类"（教育平等），教育的基本方法"因材施教"，教育的基本内容"诗、书、礼、乐、易、春秋"，教育的培养目标"学而优则仕"，即培养具有仁义之心的"君子"。关于务政和治国安邦，书中也有很多精彩的论述，在此就不一一列举了。

我们无法在两三千字左右的短文里全面介绍《论语》一书的内容，只有靠读者自己去阅读，去体会，去思考。我们相信孔子光辉的人格魅力和《论语》深邃的思想一定会让每一个阅读者受益良多。

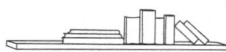

中国最古老的歌谣汇编

——《诗经》

　　《诗经》是我国上古的诗歌集，共收 305 篇诗，所以又叫"诗三百篇"。《诗经》中所收作品，早的有西周贵族祭祖的诗章，晚的有秦穆公时代的民谣，由此可知这些诗的产生时代上自殷末周初，下迄春秋中叶，大体在公元前 11 世纪到公元前 6 世纪之间。那么这些诗歌是怎样收集的呢？

　　据古籍记载，我国古代有"采诗"的制度，就是由中央主管诗歌、音乐的官员——太师，负责征集各地民歌献给君主，以考察民情、政绩。关于《诗经》的成书，有几种说法。旧说古代全国采来的诗歌，加上各诸侯国贵族的献诗，以及王朝宗庙里的祭歌，有 3000 首之多，孔子从中选取305 首编为《诗经》。但是据《左传》襄公二十九年（前 544 年）记载，吴国公子季札访问鲁国考察周乐，鲁国太师开音乐会招待他，所演唱的歌全在三百篇之内。可见早在公元前 544 年以前，《诗经》已经定型了。季札访鲁时孔子才八岁。可见《诗经》并不是孔子编定的。孔子说过"吾自卫返鲁，然后乐正，'雅'、'颂'各得其所"

监本《诗经》书影

的话(《论语·子罕》),只是说他整理过《诗经》乐曲而已。

《诗经》有今古文之别。按照传统习惯,读《诗经》先要明白"六义"。所谓"六义",就是"风、雅、颂、赋、比、兴"这六个概念。其中,"风、雅、颂"说的是《诗经》所收诗章的乐曲类别(也就是诗歌的类别);"赋、比、兴"说的是《诗经》所收诗章的写作技巧,下边分别介绍:

风:就是地方歌曲的意思。因为主要是从各诸侯国(这些地方大体在今河南、河北、山东、山西、陕西、甘肃以及湖北北部,主要是黄河流域的中原地带)征集来的民歌,所以又叫"国风"。共有 15 个地方,所以又叫"十五国风"。它是《诗经》中的核心内容。"风"的意思是土风、风谣,《诗经》中属风的诗歌共 160 首。

雅:就是正规乐曲的意思。其中又分"小雅"、"大雅",合称"二雅"。其中大多是朝会、饮燕、典礼等正式场合演唱的诗歌。歌词多为上层人士听作,有些诗还留下了作者的姓名。"大雅"、"小雅"共 105 首。

颂:就是赞颂曲(颂歌)的意思。有"周颂"、"鲁颂"、"商颂"三类,合称"三颂"。"周颂"大体是西周的祭歌,"鲁颂",是春秋时代鲁国的祭歌,"商颂"是殷商后人(宋国)保存下来的祭祀先祖的祭歌。"周颂"有《清庙之什》、《臣工之什》、《闵于小子之什》(11 首),"鲁颂"只有 4 首,"商颂"只有五首,"三颂"合计共 40 首。

赋:就是开门见山,直接叙事或抒情。如:"彼狡童(美少年)兮,不与我言兮,维子之故。使我不能餐兮!"(《郑风·狡童》)直接唱出女孩子相思之苦。

比:就是以比喻的手法叙事或抒情。如:"关关雎鸠,在河之洲,窈窕淑女,君子好逑。"(《周南·关雎》)用水鸟的求偶,比喻青年男女的爱情。

兴:就是先写景、状物,以引起联想,从而叙事、抒情。譬如:"蒹葭苍苍,白露为霜。所谓伊人,在水一方。溯洄从之,道阻且长。溯游从之,宛在水中央。"(《秦风·蒹葭》)这首诗先描写秋景的苍凉,从而引起

对远方人的思念。

"六义"是《诗经》学习和研究中非常重要的术语,是我国传统的诗歌理论,所以我们研究《诗经》首先要了解"六义"。

概括地说,《诗经》犹如一面镜子,反映了那个时代中国社会的全貌。从王公、贵族到庶民、奴隶,从军国大事到儿女私情,305 篇诗写出了古代社会生活的各个层面。当然,这种反映是艺术的再现而不是历史的记录。在"雅"和"颂"里,有许多反映我们中华民族的历史传说、政治、军事活动以及社会制度的史诗性的篇章,同时还保存了一些远古时代有关地震、旱灾等史料。

需要注意的是,《诗经》在春秋时代列国之间的外事活动中也起着很重要的作用。那时从事外事活动的人喜欢用赋诗的方法委婉地表达自己的意愿,让对方去领会。

可以说《诗经》的诗篇在当时是一种广泛应用的特殊的外交语言。因此孔子教学生非常强调学《诗经》。所以《诗经》在春秋时代的社会作用,不只是艺术的,更重要的是政治的,实用的。孔子设课的主要用意也在这里。到了汉代以后,"兴、观、群、怨",这四个字就成了旧经学家探讨《诗经》的总纲,即所谓的"诗教"。今本《诗经》中的"大序"(第一首诗《关雎》前边的一大段文字)和"小序"(即每一首诗前边说明主旨的几句话)就是汉人从"诗教"的指导思想出发而作出来的文章。尽管"诗教"说带有了不少的儒家政治思想,确实有点牵强附会,但在我们研究中国文学批评史和政治思想史的时候,"诗序"也是足资参考而不可废弃的史料。

远古的历史记忆

——《尚书》

  《尚书》是我国上古时期的一部多体裁文献的汇编，是中国现存最早的史书。《尚书》分为《虞书》、《夏书》、《商书》、《周书》，战国时期总称《书》，汉代改称《尚书》（即"上古之书"）。因是儒家"五经"之一，又称《书经》。现存版本中真伪参半。一般认为《今文尚书》中《周书》的《牧誓》到《吕刑》十六篇是西周真实史料，《文侯之命》、《费誓》和《秦誓》为春秋史料，所记年代较早的《尧典》、《皋陶谟》、《禹贡》反而是战国时编写的古史资料。今本《古文尚书》被认为是晋代梅赜伪造，但也存在争议。《尚书》的真伪、聚散，极其复杂曲折。

  《尚书》的内容大体包括三个部类：一类是君主对臣民的训词或誓词；一类是臣下对君主的劝告或建议；再一类是其他古史传说资料，所以，《尚书》是研究我国原始社会和奴隶社会的宝贵史料。但是，由于儒家学派按照自己的政治理论来解释这些古史资料，所以一千多年以来，《尚书》又成了我国封建社会的"大经大法"，封建帝王的施政总纲。北京故宫里有许多挂在柱子上的对联、写在屏风上的诗文，都很难懂，其中有不少就是《尚书》里的话。

  这些上古的史料是怎样流传下来的呢？据《汉书·艺文志》记载，我国自古就有给帝王、侯的言行作记录的史官。史官分"左史"和"右史"，一个"记言"，一个"记事"，各有职责，远古的史料就是通过这些言行记录保存下来的。大体说来，记事的资料汇编就相当于今天的"大事记"，《春秋》就是这种性质的文献；记言的资料汇编就像今天的"言论

集"或"语录",《尚书》就是这种性质的文献。不过从今本《尚书》经文来看,里边也有一部分记事,或记言记事混杂的材料。

像这样的材料,不要说从传说的尧舜时代起,只说有史可考的夏、商、周三代一千几百年,如果全部保存下来,不知道要有多少万件,可惜到了春秋时代就已经所余无几了。

先秦古籍所引用的《尚书》文句,有许多篇章是今本《尚书》所没有的,其中知道篇名的就有 32 篇之多。其他可以考知属于《尚书》的文句大约还有几十篇。这样看来,先秦实际存在的《尚书》篇章至少还应该在百篇以上。孔子是曾经拿《书》作历史教材的,但是他当时选了多少篇教学生? 到秦始皇焚书的时候,在儒家学派中流传的《书》是否就是孔子所选的那些篇? 当时还保存着多少? 这些,现在都已经无法确知了。不过我们今天所能见到的定本《尚书》只有 58 篇,也就是明代《五经四书大全》所收宋代蔡沈的《书集传》(代表宋学)和《十三经注疏》所收唐代孔颖达《尚书正义》(代表汉学)中的 58 篇经文。《尚书正义》是唐高宗永徽四年(653 年)颁行的法定经文,距今已经有 1300 多年的历史。

《尚书》的文体也是比较丰富的。孔颖达的《尚书正义》将其分为十类:"一曰典,二曰谟,三曰贡,四曰歌,五曰誓,六曰诰,七曰训,八曰命,九曰征,十曰范。"这样的分法,概念不是很清楚。现在一般只概括为六种:典、谟、训、诰、誓、命。

典:最尊贵的书籍。"典"这个字的古字形,其上半部分是个用绳子穿编起来的竹木简的形象,也就是"册"字;下半部分是个几案(桌子)的形象。合起来就是放在几案上的书册,表示尊贵的书籍,所以关于尧舜的记载称为《尧典》、《舜典》。它记载的都是重要史实或专题史实。

谟:意思是"谋划"。臣下向君上提出劝告、建议,或君臣之间讨论问题叫做"谟",《皋陶谟》就是记述皋陶和君主讨论问题的。

训:就是训诫,也就是臣开导或启发君主的话。如:《尹川》记载的相传就是商朝大臣伊尹训诫商王太甲的话。

诰：君主对臣民的讲话，就是告谕、勉励的意思。

誓：就是誓词或动员令，多用于军事行动，即君主训诫士众的话。

命：就是命令，包括嘉奖令。

就文学层面而言，《尚书》是中国古代散文形成的标志。据《左传》等书记载，在《尚书》之前，有《三坟》、《五典》、《八索》、《九丘》，但这些书都没有传下来，《汉书·艺文志》也不见著，因此先秦散文当从《尚书》开始。书中文章，结构渐趋完整，有一定的层次，已注意在命意谋篇上用功夫。后来春秋战国时期散文的勃兴，是对它的继承和发展。秦汉以后，各个朝代的制诰、诏令、章奏之文，都明显地受它的影响。刘勰《文心雕龙》在论述"诏策"、"檄移"、"章表"、"奏启"、"议对"、"书记"等文体时，也都溯源到《尚书》。

《尚书》是"五经"中语言最古老的一部典籍，阅读它需要具备许多古汉语知识和古史知识。虽然关于它的真伪的争议颇多，但不能否认其对中国文化历史所产生的影响。

一种艺术的人生追求

——《庄子》

老子"道法自然"的思想可以说直接影响了庄子,不同的是,老子的"无为而治"大体是政治权术的一种方略;而庄子则是要求超脱的形而上学。他极少关注"治国平天下",主要讲"齐物我、同生死、超利害",养生长生的那一套。对此,闻一多说道:"他那婴儿哭着要捉月亮似的天真,那神秘的惆怅,圣睿的憧憬,无边的企慕,无涯岸的艳美,便使他成为最真实的诗人。""他的思想本身便是一首绝妙的诗。"

庄子名周,时称庄周,生卒年现已无法考证,据推测大约生活于公元前269年至约前286年之间,战国时期宋国蒙(今山东河南两省边境的地方)人,与梁惠王、齐宣王同时,也与孟子同时。年轻时曾为蒙地漆园吏,后终身未仕,过着隐居的生活。其间楚

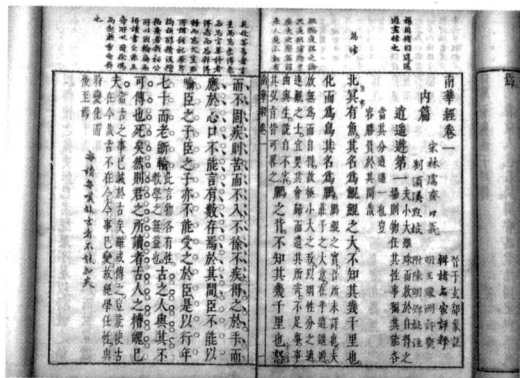

《庄子》书影

威王曾有意聘请他为楚国宰相,被他拒绝。庄子厌倦世俗生活,这使他有更多的时间亲近大自然,经常出没于山水之间,譬如他在其文章中提到的"庄子钓于濮水"、"庄子与惠子游于濠梁之上"、"庄子游乎雕陵之樊"、"庄子行于上中"等等这样的描述和记载很多,从中不难看出庄子

的生活情趣。庄子的思想和生活情趣都集中体现在《庄子》一书中。

诸子百家的大部分著作的作者历来都受到怀疑，《庄子》也不例外。我们现在看到的《庄子》主要源于晋代著名学者郭象的注本，此书包括内七篇、外十五篇、杂篇十一，共计三十三篇。而据《汉书·艺文志》记载，《庄子》共五十二篇，可见《庄子》一书未能完整保存下来。针对《庄子》三十三篇，宋代的苏轼曾提出质疑，认为杂篇中的《让王》、《说剑》、《渔父》、《盗跖》属于伪作，这不断引起了讨论和考证。一般的说法是，内七篇为庄子自著，其他的大部分为庄子后学所著。

《庄子》一书的产生有其特殊的历史背景和现实环境，随着社会的进步和历史的发展，再加之战争不断、混乱不堪，传统的社会制度趋于崩溃，随之而来的是剥削、掠夺、压迫等等，社会的发展并未带来个人的幸福和祥和，而是触目惊心的罪恶和苦难，人越来越多被财富、权势、贪婪所奴役和控制。对此，庄子呼吁恢复和回归人的本性，这可能是人类历史上最早喊出的"反异化"的声音，而这声音发端于文明的发轫期。

在庄子看来，尽管儒家有识之士提出以仁义治天下，所谓的育人伦、修人格，但结果似乎是并没有带来想象的美好生活、安定和谐的社会，技术的进步更为如此。那怎么办？庄子的答案是回到远古社会去，认为只有回归"自然"才能恢复或解放人性。这一点与18世纪法国思想家卢梭的思想殊途同归，不过庄子更为深刻和彻底，庄子要求否定和舍弃一切文明和文化，回到那种原始状态，无知识的、浑浑噩噩的、无意识无目的的，正所谓"居不知所为，行不知所之"、"生而不知其所以生"的生活状态，犹如动物一样的生活，人才能得到幸福。可以看出，庄子的这种想法只能是一种理想或幻想而已，滚滚的历史车轮谁已无法阻挡。其实庄子是知道这道理的，这只是庄子对当时的社会状况的一种无可奈何的表达和诉求，倾诉人间的不平，个体生存的压抑。

很显然，这一点与老子完全不同。庄子强调的是个体生存的状况，也就是把之前人们所关注的伦理、政治、社会等注意力唤回来，呼吁大家关注个人的实际状况，即关注人自身的身（生命）心（精神）问题，要珍视

生命本身,只有人活着才是真实的,这在当时的历史条件下是何等的深刻。

个体生存的理想状态是什么呢?庄子认为其理想状态就是人格独立和精神自由,这主要体现在"至人、真人、圣人"身上。那么,怎样才能达到这种境界呢?通过"无为"、"自然",也就是"道",这一点与老子的思想一脉相承,其特征就是"自自然然、毫不作为",人的个体存在与宇宙自然存在是同一性的,也就是"天人合一"。换而言之,人应该仿效自然事物,既无知识,也不要有原欲,任凭那无意识、无目的又合规律的客观过程自自然然的运行,这样才符合"自然"或道"。

怎样来实现呢?通过"心斋"、"坐忘"。需要注意的是"坐忘"是"心斋"的具体操作途径,只有通过"坐忘"了才能进入"心斋",坐是静坐;忘指忘怀。也就是说,忘是非、忘古今、忘物我,忘记所有时间和空间里万事万物,最后连自己都忘却了,这样才能打通主观与客观、内在和外在的界限,我们的精神与天地精神就会自由往来和交融,最终进入天人合一的境界,也就是完全自由的状态,也就是庄子所谓的得"道"。

这里的"自由"、"道"实际上指的是《逍遥游》描绘的那种无拘无束、自由自在的状态,我们讲的无限开放的精神自由,那是超越了世俗的一切束缚和限制,在无限的时间和空间里获得的最大精神自由,也就是至人、神人、圣人的理想人格。而这种精神自由和理想人格实实在在指的是审美自由和审美理想,从老子的"涤除玄鉴"到庄子的"心斋、坐忘"都是强调作为审美主体必须超脱利害观念,才能获得一种自由的境界,从而才能达到至乐至美的"道";还有像"庖丁解牛"等寓言故事中所体现出来的那种创造的自由,在中国美学史和艺术史上影响深远。

有趣的是,《庄子》一书在阐释以上深邃的思想时,并未像其他诸子那样以近乎苛刻的逻辑推理来论述,而是以寓言代替哲学观点的表述,用比喻、象征的手法代替逻辑推理的风格特征,其丰富的寓言、奇特的想象和充沛的情感给我们构筑了一个奇诡的艺术境界,具有散文诗般的艺术效果。难怪闻一多说,"他的思想本身就是一首绝妙的诗"。

儒家理想的主要代表

——《孟子》

对于孟子我们一定不陌生,因为我们耳熟能详的《孟母三迁》、《孟母断织》等故事就与孟子有关。

我们知道,孔子逝世后,儒家分为八派,而孟子属于"子思之儒"一派。据《史记》记载,孟子,名轲(约前371—前289),出生于战国时代的邹国(在现山东邹县东南部)。他幼年丧父,家境贫困。但孟子从小受过良好的家庭教育,这是因为他有了一位伟大的母亲。孟子的生活经历和思想历程与孔子颇为相似:同样处在政治斗争频繁、道德混乱、思想冲突的环境里,同样以教书为职业。孟子受教于孔子的孙子子思。他与孔子一样肩负着传播儒家思想的使命,因竭力维护儒家的思想不断与反对者争辩。他还不到20岁便开始周游列国宣扬他的政治主张,前后约用去近40年的时间,其间在齐国当过官。孟子是个孝子,在从政期间曾离职为母亲守孝三年。后因郁郁不得志而返回故里,与弟子著《孟子》七卷。《孟子》与《论语》、《大学》、《中庸》一起合称"四书",在"四书"中篇幅最长,有三万五千多字,是科举必考内容。

孟子的思想在当时为何未被接受呢?这与当时的社会环境相关。

《孟子》一书无今古文之别,换言之,它成书前后未有多少变化。后由汉代赵岐作注,把原来的七篇各分上、下两卷,所以今本《孟子》实为14篇:

梁惠王(上、下)　　　滕文公(上、下)

公孙丑(上、下)　　　离娄(上、下)

万章（上、下）　　　　告子（上、下）

尽心（上、下）

孔、孟都讲"仁义"。《论语》虽也多讲"仁义"，但着重谈的是"仁"，而《孟子》讲"仁义"，而着重谈的是"义"。这是由于孔子、孟子二人所处的时代的不同造成的，他自己未必意识到这一点。所以孔子强调说："志士仁人，无求生以害仁，有杀身以成仁。"（《论语·卫灵公》）而孟子则说："'生'，亦我所欲也；'义'，亦我所欲也。二者不可得兼，舍'生'而取'义'者也。"（《孟子·告子上》）后来的"杀身成仁，舍生取义"这句格言就源自于孔、孟的这两段话。

孟子不只是重复孔子的"仁义"论，而是向前发展了一步。他提出"仁"和"义"这些东西本来是天生就有的，与生俱来的。这一点孟子确实比孔子深邃得多。孔子当然也谈"仁义"，但人为何有这种品德，他没有说，而孟子给予了回答：人性本善。它是天生的，如同人的四肢一样，只要是一个正常之人，都具有"性善"这一根本品德。孟子的整个思想学说就是建立在这个观念上的，毫无疑问他把儒家思想向前推进了一大步。毫不夸张地讲，这一观念（性善论）此后成为中华民族长期坚守的信仰，即每个人都具有善心，都可尽善尽美，在这一点上人与人是没什么不同的。人如果充分发挥人的本性，即性善，不仅可以知天，还可以与天合一，即天人合一。

在《孟子》一书中最精彩的是他的政治思想那部分。尽管孔子也谈到从政、治国、安邦等政治思想，但大多时候都是围绕着个人品德修养来讲的，换句话讲，只

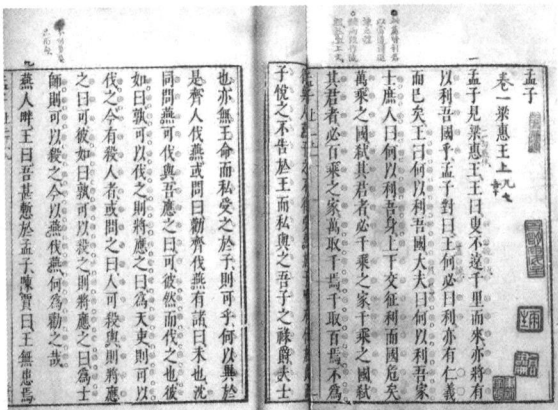

《孟子》书影

强调"内圣"（指个人内在的品德修养）。而孟子的政治思想要深刻和开阔得多，不光强调"内圣"，更注重"外王"（从小处看，指的个人修养表现于外在的处事行为；从大处看，表现在治理国家的各种能力）。所以孟子认为国家应该是一种道德体制，是由道德建构和整合起来的国家，当然国君无疑是社会、国家道德的表率和领袖。

但问题在于假如国君的道德出现问题怎么办？照孟子看来，大众百姓有一种道德权利可以将国君废掉，甚至杀掉，这等于是杀掉一个不仁不义之人，不算"弑君"。孟子说："民为贵，社稷次之，君为轻。"（《孟子·公孙丑下》）这一思想印证了中国的历史变革历程，直到辛亥革命。历代的儒家学者也总是信守这一纲领，所以中国朝代上的每一次变革总是不可避免地利用到它。按照孟子及后来儒家的看法，对国家的统治有两种形式，一种是"王道"，一种是"霸道"。王道诉诸道德和教育，而霸道则依靠暴力来维持。孟子围绕着"王道政治"提出很多具体的主张，譬如实行"井田制"，还描绘出理想中的农村前景。

《孟子》一书的思想为何当时未被接受呢？齐宣王不接受，而梁惠王直接说不切实情，远离实际。因为在当时各个诸侯国都在实行变革，譬如秦国的商鞅变法搞得热火朝天，魏国、楚国正在发生兼并战，打得天昏地暗，齐威王和宣王因有孙膑和田忌等人的协助，国威大振。各个诸侯国都在致力于谋略攻伐，而孟子提出的王道、仁政、德政等思想遭到拒绝和不理解自然就不言而喻了。所以我们说孟子是儒家的理想主义者，其道理即源于此。

《孟子》一书的思想在唐以前一直被忽视，后通过唐朝韩愈的推崇，经南宋朱熹的整理，才被广泛的接受。明朝开国皇帝朱元璋欲几次想修改《孟子》关于民本思想的内容，把孟子逐出孔庙，后因大臣的强烈反对才作罢。

《孟子》全书文气浩荡，说理畅达，论辩逻辑严密且气势充沛，可以说是传统散文写作的高峰。

儒家的现实主义代表

——《荀子》

学不可以已。青，取之于蓝，而青于蓝。

不积跬步，无以至千里；不积小流，无以成江海。

锲而舍之，朽木不折；锲而不舍，金石可镂。

以上这几句话大家一定很熟悉，因为它们在小学及中学的语文试卷中经常出现。这几句话皆出自于荀子的文章《劝学》。

荀子与孔子、孟子是先秦儒家学派最重要的三个人物。荀子的生卒年代一直以来都是个谜，比较统一的说法是他约生活于公元前298至公元前238年之间。荀子名况，号荀卿，周朝战国末期赵国人（现河北、山西南部人）。荀子五十岁游学于齐国，在齐国被誉为"最为老师（指最有作为、最好的老师）"和"三为祭酒（三次被誉为德高望重者）"，后因遭人谗言诬陷，离开齐国去了楚国。公元前255年在楚国被任命兰陵县令（今山东兰陵）。有人说荀子对于楚国来讲是个危险人物，荀子当然待不下去了，于是离开楚国去了赵国。他在赵国获得了优待，被拜为上卿。后来楚国相春申由听取别人进言复召荀子回楚国，他又复任兰陵县令。后因春申由被害，于是荀子被罢了官，从事教学和著述。荀子门下最著名的学生要算韩非子和李斯。我们知道，韩非子与李斯都属于法家的代表人物，这就表明荀子的思想与孔子及孟子的思想是有极大差异的。

从荀子的思想来看，大家一致认为的是，荀子是在继承之前所有儒家学说的基础上，大量吸收各家的长处，然后加以整合、改造，建立起自己的儒家思想体系。荀子的文章得到了比较好的保存，现存《荀子》一书共三十二篇。这些文章大部分是出自于荀子手笔，只有少部分是他的学生代写的。内容涵盖哲学、政治、道德、逻辑等，堪称百科全书。《荀子》一书究竟体现了哪些思想？

首先，明于天人相分。"天人相分"一直是先秦诸子最关切的问题。在孔子之前的商周时期，天、天命及天道是被当做人格神来对待的，换句话讲，它们（天、天道）具有人一样的特征，能感知人类的情感、社会的兴衰发展等。到了孔子，他主要借助于亲亲之情来论仁德，那种人格神虽有所淡化，但实际上还未消除，仍然是主宰人类的力量。之后的孟子企图将仁德、心性、天命打通，形成所谓的天人合一的境界。而荀子提出"明于天人相分"，实际上指的是天有天的规律或者说自然界有自然界的规律，人类有人类的规律，不能混为一谈。荀子认为自然的变化与人间的好恶、社会的治乱吉凶并未有任何关联，但是我们可以利用自然的规律为人类服务。很可惜的是这一思想此后没有得到发展。

其次，性恶论。这与孟子的性善论恰恰相反。同是在道德修养方面，荀子认为人性就是人的自然本性，主要表现在"饥而欲饱，寒而欲暖，劳而欲休"等方面，这是人天然就有的生物本能和心理本能。很显然，这种人的各种欲求当然就与道德礼仪规范发生冲突。那怎么办？荀子提出"化性起伪"思想。性指本性，也就是表现于恶的动物本能，伪指的是用善的礼乐教化使人变善。简言之，就是要通过后天的教育使人变善。也就是说，凡是善的、美好的、有价值的东西都是人努力的结果。

最后，礼治原则。与其他思想家不同的是，荀子更加注重人的物质需求，使社会经济发展和礼治法治相结合。荀子认为人的思维能反映客观现实，但很多时候他又有轻视感官作用的倾向。在《劝学篇》中，荀子集中阐释了对学习的见解。文中特别强调了"学"的重要性，认为我们在学习中要时常检查、反省自己，才能"知明而行无过"，同时主张学习

必须要联系实际，做到学以致用。要有精诚专一，坚持不懈的学习态度。

　　《荀子》说理透彻，结构严谨，论题鲜明，逻辑性极强，语言多彩丰富，比喻、排比、对偶层出不穷，被誉为"诸子大成"。其文章已经由语录体发展成为有标题之论文，标志着我国古代说理文的成熟。《荀子》对后世说理文章影响深远。

劳动阶层呼声的集中表达

——《墨子》

大多数人都会有一个错觉,认为在先秦,儒家和道家一直都占据着显赫的主导地位。实际上,在汉朝前的古代中国,最大的两个学派不是儒家和道家,而是儒家和墨家。这两派可以说从公元前 5 世纪到公元前 3 世纪,在古代的中国知识圈里声名远播,彼此互相批评和指责,形成了两大对立的思想阵营。《吕氏春秋》提到"孔、墨之后学显荣于天下者众矣,不可胜数",从中我们看到儒家和墨家门下(学生)的盛况,其思想的继承和繁荣可见一斑。墨家是站在儒家的对立面,因批评儒家的思想而出名的。能够对当时颇有影响的孔子及儒家思想提出挑战和公然批判,而且还有那么多人追随,可见墨家思想在当时的强大的力量。

墨子塑像

墨家的创始人是墨子,姓墨名翟,战国初期鲁国(今山东滕州)人[也有说是宋国(今河南商丘)人],他的生卒年代也同样不可考,大概生活于公元前 263 年至公元前 381 年之间。现存的《墨子》共 53 章,是墨子及墨子的弟子或再传弟子的著作汇编,其

中国名著甲乙丙

中很大部分是战国末期墨者(墨子后学)的著作,对墨子的思想有所发展,还有一部分是汉朝墨者研究攻守战术的作品。

据现存的资料可知,墨子曾是一个工匠。他在从事政治活动期间,曾利用他的高超技术胜过了当时最著名的工匠公输般(即鲁班)。墨子后来脱离了工匠做起了真正的知识分子,曾任宋国大夫,并聚徒讲学。墨子本人精通当时的各种历史文化典籍,他的弟子接受教育后,不但组成了一个思想统一的学派,并且建立了一个具有侠士性质的严密组织或社团。社团里的每个成员都能为了实现这个学派的主张"赴火刀刃,死不旋踵"。墨子有很长一段时间奔走于鲁、宋、齐、楚、魏之间,宣传他的政治主张,反对当时的兼并战争。他的这些弟子将墨子推荐到各国参加政治活动,严格遵守墨子的思想原则和规则制度。墨子死后,这个组织或社团仍存在了很长一段时期,社团的头目叫做"巨子",墨子是这个学派或社团的第一个"巨子"。

墨子及墨家究竟有什么思想会有那么大的凝聚力呢?

要了解墨子的思想,首先来看看他是怎样来批判孔子及儒家思想的。他指出了孔子及儒家思想存在的问题有四个方面("儒之道,足以丧天下者四焉"),并展开批判。第一,是对孔子及儒家不相信天地鬼神但又重视祭祀展开了批判。墨子意识到如果不首先预设或公设一个终极的具有善恶意志的天地鬼神,完全靠儒家的那一套礼仪是无法约束个体和规范社会的。换而言之,他的目的就是利用天地鬼神在当时社会心理中的强大影响,一方面威慑和警告统治者,另一方面则为下层劳动者壮胆,即墨子讲的"尊天、事鬼"之意。第二,对儒家的"厚葬久丧"的礼仪形式进行批判,认为这样做恰恰是"非仁义,非孝子"。墨子也讲仁义,不过有三个标准,即"富之、众之、治之"(分别是指富天下之人、使人口繁衍、使社会安定)。而"厚葬久丧"与这三个标准不符,它使人们耗尽财富,精神疲惫,影响生产;同时也会使身体残弱,营养不良,疾病增多,从而导致怨恨的滋长,影响社会安定等等,就是墨子讲的"节葬、节用"之思想。第三,对儒家的"弦歌鼓舞,习为声乐"的批判,墨子也同意声音、色彩、好食等给人带来的享受,但不能解决"饥者不得食,寒者不得衣,劳者不得息",结果只是少数贵族的奢侈享受而已。这也还是针对"非乐、节用"而言。第四,对儒家命运观的批判。儒家相信命定论,也即宿命论,认为像贫富、夭寿、治乱、安危等都是命中注定的。墨子认为这样会使大众怠惰顺命,他强调的是后天的努力与不努力的结果。实际上墨子把决定个人贫富贵贱与社会安定治乱的原因,试图从传统的命定论还原为现实的人的活动,突出人的主观能动性。也就是墨子讲的"非命"之意。

墨子的思想基本上体现在对孔子及儒家的批判中,而这些思想都建立在其核心思想"兼爱"基础上的。孔子也讲"仁爱",但孔子的"仁爱"是有亲疏厚薄,品行等级之分的。墨子反对孔子以恢复周礼为仁及以注重主观的忠恕为仁的标准。墨子的"兼爱"用我们现在的话来讲就是"有福同享,有难同当"的意思。墨子以这种思想为基础,主张天下所有的人都应当不分高低贵贱,一视同仁,彼此互爱。墨子指出:"兼相爱,交相利",即是说,既爱自己也爱别人,与人交往要彼此有利。这里所说的"利"即以实际的行为去帮助别人,让别人获得实实在在的好处。墨子又说道:"若使天下兼相爱,爱人若爱其身,犹有不孝者?"意思是说,倘若天下都能相亲相爱,爱别人就和爱自己一样,还能有不孝的人吗?

在这个基础上,墨子提出"非攻"、"尚贤"、"尚同"等十大主张。墨子深深地意识到连绵不断的战争给人民和社会造成的巨大伤害和破坏,于是提出"非攻",即反对战争,维护社会稳定。因为他看到在战争中不会有真正的赢家,只有受害者。那是不是干脆取消战争呢? 不是。对那种残暴的君主该战即战,这叫"诛",而那种只为扩大疆土、兼并之类的战争要予以制止,这叫"攻",是不义之战。墨子针对儒家所讲的"亲亲有术,尊贤有等"提出"尚贤"这一主张,反对当时的世袭等级制度,认为只要具备一定才能的人,不分贵贱亲疏都可以担当大任。"尚同"是说,既然是贤者来治理国家,我们就应该与统治者保持一致,维护社会的稳定和发展。

　　所有的这些主张都可看作是"兼爱"的具体体现或者是实施"兼爱"的手段。墨子的"兼相爱"主要是根源于下层劳动者之间真诚相爱的一种淳朴的道德观念，反抗社会压迫与等级歧视的各种制度和现象，反映了劳动者的美好的社会理想。

　　墨子还是一位了不起的科学家，墨家学派也成了一个科学家集团。墨子及其后学在物理学、数学、医学、逻辑学等领域都有杰出的表现，在中国古代科学史上地位显著。遗憾的是后来的科学家大多只注重实用方面，而忽视理性的思考和继续探索，墨子在科技领域中的理性思维在中国科技史上也只是灵光一闪。

　　《墨子》在中国文化史上有着重要影响，是不能忽视的。

揭开温情脉脉世人真相的法家

——《韩非子》

战国末期,社会仍动荡不安。令人眼花缭乱的变化一个接一个,尔虞我诈、钩心斗角的事件接连不断。正是在这样一个国与国、邦与邦乃至人与人的那种紧张关系中,各诸侯国都聚集了不少文士或谋士,为其出谋划策。这些文士或谋士的生存空间和生活空间也相对广阔得多,针对社会纷乱无序各自提出了不同的主张。孔子及儒家的以德治国,虽然经过孟子、荀子等人的深化与发展,但仍然相信"仁义"是最高的道德,

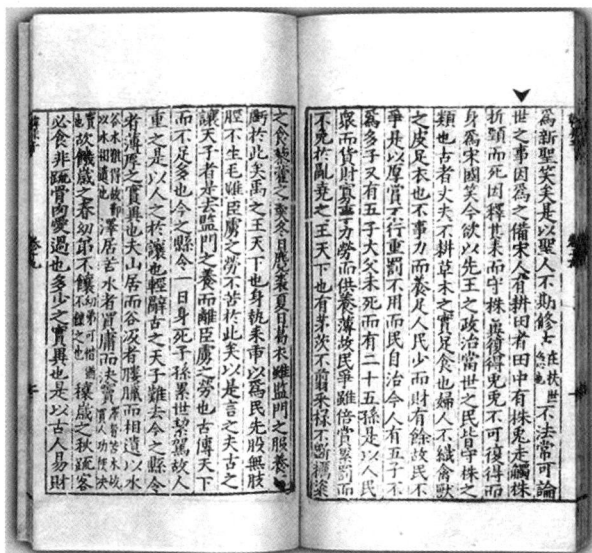

《韩非子》书影

同样坚信理想的社会是通过最高的道德就可以实现的。那么实际情况怎样？道家庄子一针见血指出这只是一厢情愿而已。庄子的答案是回到"无为"的远古社会里去，认为只有回归"自然"才能恢复或解放人性。站在孔子及儒家对立面的墨子及墨家批判得更为具体，总结出四个方面的问题，提出了"兼相爱，交相利"的主张。

面对这些思想和当时的社会状况，先秦时期的最后一个主要思想流派法家发出了与众不同的声音。在法家看来，儒家"仁义"之迂腐，墨家"兼爱"之矫情，以及人世间各种漂亮的言辞、炽烈的情感、浪漫的理想等等，在严酷的社会现实面前，似乎都不过是可笑和可恶的。

法家何出此言？我们首先来了解法家的代表人物韩非及《韩非子》一书。韩非，战国末期韩国（今河南省新郑市）人，为韩国公子（即国君之子），生于约公元前280年，死于公元前233年。他与李斯（秦始皇丞相）同为荀子的学生，著有《五蠹》、《孤愤》、《显学》等五十五篇，其所有著作皆保存在《韩非子》一书中。韩非作为韩国国君之子，对本国因国力弱小而常常遭到欺凌深感忧虑，曾多次向韩国国君提出富强的建议和策略，但并未得到韩国国君的采纳。他的文章后来被秦始皇看到了，秦始皇为此大为震惊，感叹道："寡人得见此人与之游，死不恨矣！"秦始皇为了能让韩非来秦国，出兵逼迫韩国。韩非到秦国之后，自然得到了重用。韩非子因而声名赫赫，后遭到当时秦国宰相、他的同学李斯等人陷害入狱，被迫服毒自杀。

"法家"，如果读者朋友认为是现代意义上的法学或法制，那就错了。用我们现在的话来说，它指的是一套组织领导的理论和方法。换而言之，就是怎样把权力集中在统治者手中，怎样来统治广大的疆土和大众的一种统治手段或策略。

韩非是法家的集大成者。"法家"一词虽然迟至公元前90年在司马迁《史记》中首次出现，但法家在社会上活动的事实早已存在了五百年之久。管仲（卒于前645年）是首位著名的法家，曾任齐国丞相，孔子极为赞赏。此思想发展到慎到、申不害与商鞅时，声势已成气候。韩非将慎到强调的"势"（主要指权力与威势）和申不害着重的"术"（指政治权术），以及商鞅强调的"法"（指法律和规章制度）综合起来，认为对国家统治来讲这些缺一不可。

可以说《韩非子》一书着重宣传和倡导了韩非势、术、法相结合的法治理论，为秦始皇统一六国提供了理论指导，与此同时也成为以后的封建专制制度的理论依据。其具体内容有哪些呢？

对于君主，韩非的主张是"事在四方，要在中央；圣人执要，四方来效"（《韩非子·物权》），意思是说，统治国家的权力要集中在君主（圣人）一人手里，君主必须有权有势，才能治理天下。韩非又说"万乘之主，千乘之君，所以制天下而征诸侯者，以其威势也"（《韩非子·人主》）。为此，君主应当使用一切手段清除世袭的奴隶主贵族，使其"散其党"、"夺其辅"（《韩非子·主道》）；与此同时，需要选拔一些有过相关经历的官员来取代奴隶主贵族，也就是"宰相必起于州部，猛将必发于卒伍"（《韩非子·显学》）。韩非为了改革和实行法治，要求"废先王之教"（《韩非子·问田》），以及"以法为教"（《韩非子·五蠹》）。他一再强调，一旦制定了"法"，必须严格执行，任何人也不能例外，真正做到"法不阿贵"、"刑过不避大臣，赏善不遗匹夫"（《韩非子·有度》）。韩非认为统治者只有严格执行严刑重罚，人民大众才会服从或顺从，社会才能和谐安定，统治阶级才能稳固。

对于民众，韩非接受了其师荀子的"性本恶"理论，认为人的本性是恶的，严格执行严刑重罚，才可以"禁奸于为萌"。因此他认为严刑重罚恰恰是爱民的表现（《韩非子·心度》）。这里有一个容易使人忽视的观点，就是韩非实际上是主张减轻人民的徭役和赋税的。理由是，过重的徭役和赋税只会使大臣更加强大起来，对君王统治是不利的。

对于臣下，他认为要除去"五蠹"，防"八奸"（《韩非子·八奸》《韩非子·五蠹》）。所谓五蠹，即指：一、学者（指儒家而言）；二、言谈者（指纵横家）；三、带剑者（指游侠）；四、患御者（指依附贵族并且逃避兵役的人）；五、商工之民。韩非的理由是，这些人只会扰乱法纪法纲，而对耕

战没有任何好处,属于"邦之虫",必须要清除。所谓"八奸",指的是:一、"同床",指君主妻妾;二、"在旁",指俳优、侏儒等君主亲信侍从;三、"父兄",指君主的叔侄兄弟;四、"养殃",指有意讨好君主的人;五、"民萌",指挪用公款取悦民众的大臣之流;六、"流行",指那些收买人心而制造舆论的大臣;七、"威强",指家有带剑门客炫耀自己威风的臣下;八、"四方",指用国家财力结交别国从而培养个人势力的臣下。因为以上这些人都具备可能威胁到国家安危的条件,对他们要加以防备。

从以上内容我们可以看到,这种清醒冷静的理智态度在韩非手里发展为对人情世故、社会关系、政治活动等多方面多角度以及多层次的细密探索,对是非、毁誉、善恶、成败的多变性、复杂性,对人情世故中种种微妙细微处,譬如对为争权夺利而相倾轧、嫉妒、勾结、欺诈、毁誉、诬陷等等现象和事实,都认真进行了分辨和剖析,可谓用心良苦。

《韩非子》一书帮助我们去冷静地揭穿、看透那包裹在层层漂亮外衣下的冷酷事实和"世人的真相",在中国文化史上产生了广泛的影响。

天下为公的大同理想

——《礼记》

如果我们要想了解孔子及儒家思想,毫无疑问得去读《论语》,但倘若要想知道战国秦汉时期的儒家思想,那就要去阅读《礼记》。通过《论语》我们大体可以获知儒家思想的建立;而读《孟子》、《荀子》及《礼记》可以从中了解到儒家思想的继承与发展。

《礼记》是古代中国非常重要的一部关于典章制度的书籍,是由西汉学者戴德和他的侄子戴圣编订的。戴德选编的书叫《大戴礼记》,全书共 85 篇,流传到唐代只剩下 35 篇;其侄子戴圣选编的书即为《小戴礼记》,全书 49 篇,也就是今天所能看到的《礼记》,这两本书各有取舍和侧重,特色各异。到了东汉末年,著名学者郑玄为《礼记》作注,此后这个注本盛行不衰,被大众所接受,原本是解说"经"文的著作一跃成为经典,到了唐代已被列为"九经"之一,及至宋代被纳入"十三经",为士大夫必读之书。

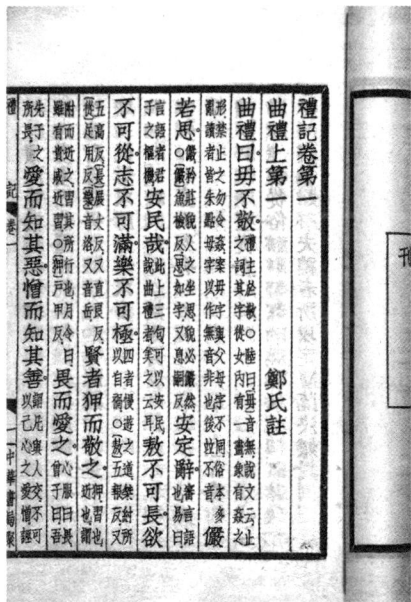

《礼记》书影

《礼记》与《周礼》、《仪礼》合称"三礼"。在了解《礼记》之前,先对

后两"礼"予以说明。《周礼》是西汉早期发现的先秦古文经,原名又叫《周官》,是王莽当政时改名为《周礼》的,它记述了周王朝分别以"天官、地官、春官、夏官、秋官、东官"为名的"六部官制"。"六官建制"对中国历代王朝影响极大,从隋唐到明清的"吏部、户部、礼部、兵部、刑部、工部"这六部的建制和《周礼》的六部大体对应,绝非偶然。

《仪礼》在汉代只称《礼》,主要讲士阶层的各种礼仪规章制度,所以又称《士礼》,主要记述了"冠、昏、丧、祭、饮、射、朝、聘"等典礼的仪注(对各种仪礼的解说、说明)、程序(指仪礼的过程),因而在晋代以后又称为《仪礼》。孔子教学生演习礼仪,便用的应该就是这些材料。

而《礼记》在先秦时期还未成为一部定型的专著,那时只有阐释《礼记》的材料,比如今本《礼记》中的"昏义"就是说明或解说《仪礼》的"士昏礼"。此外,还有很多关于"礼"的论文、杂记。我们把这些所谓的论文、杂记总称为"记",它们实际上只是读书笔记或旁注而已。"记"的原始形式大多数是以附记的方式写在经文的后面的。"经文"指的是汉代时期立于学官的五经"易、书、诗、礼、春秋"(官方指定教材)。这里的经文"礼"就是《士礼》或《仪礼》,先秦礼学家们在学习《仪礼》的时候,总要做一些笔记,即解说性的话。这些笔记就叫"传"或"记",《礼记》因此而得名。

可以说《礼记》就是一部儒家学者们所作笔记、批注等材料的汇编,所以内容很杂,大致分为三类:其一为理论文章,譬如书中《礼运》讲儒家礼治思想,《学记》中讲教育的重要性;其二是关于各种礼仪、礼制、礼节、守则的杂记,譬如讲祭祀、婚姻的意义和作用等;三是讲述礼和礼治的逸闻趣事。

尽管《礼记》内容混杂,但有一个贯穿于该书的核心思想,就是"以礼治国",目的是用各种礼法来约束大家的行为,维护当时的稳定和谐,试图挽救"礼崩乐坏"的局面。

为了贯彻这种思想,书中给各种礼规定了特定的社会意义。比如婚姻本来是爱情的归宿,但是从礼治主义的立场看,情况就不一样了,其意义为"上以事宇庙,下以继后世也"。至于像爱情、幸福等等根本不用考虑(《礼记·昏义》)。为了维护社会宗法关系,该书规定了各种名分,也就是根据一个人的社会地位规定他应该想什么、说什么、做什么以及享受何种待遇等等,对此都有相关严格的礼法予以规定,譬如一个人的死就有不同的名称,"天子死曰崩,诸侯死曰薨,大夫死曰卒,士死曰不禄,庶人曰死"(《礼记·曲礼下》)。当然死的名称不一样,葬的规格也就不同。

《礼记》把礼治的作用讲得非常明确,"故圣人以礼示之,故天下国家可得而正也"。"礼者,君子之大柄也。——所以治政安君也"(《礼记·经解》)。其大意是,国君用礼指导一切,国家就可以走向正轨。礼是君主的重要工具,是用来治理国家、巩固统治地位的手段,把礼看作是防止动乱的堤坝,废了礼犹如毁了堤坝,社会就会混乱起来。

《礼记》所要达到的理想社会就是"天下为公"的那种"大同"的社会,这为后世有志于改造社会的志士仁人提供了丰富的思想材料和精神力量。

儒学的入门读物

——《大学》

　　《大学》本是《礼记》中的第四十二篇，宋朝理学家程颢、程颐兄弟俩将它从《礼记》中拿出来，重新编排章句。此后朱熹将它与《中庸》、《论语》、《孟子》一起合编注解，称之"四书"，《大学》因而成为儒家经典。对于《大学》的作者，程氏兄弟认为是"孔氏之遗言也"。朱熹大体也同意这种提法，所以朱熹把《大学》进行了重新编排，将其分为"经"一个章节和"传"十个章节。

　　这样一来，《大学》的版本就有两种：一是经过朱熹整理编排的"经"和"传"的《大学章句》本；二是按《礼记》原有秩序编排的古文本。我们现在看到的《大学》版本是朱熹的《大学章句》本，这个版本影响最大、流传最广。

　　这里的"大学"是相对于"小学"而言的。我国学校起源较早，在西周时代就有"小学"与"大学"之别。据说，贵族弟子一般在八岁入小学，学习日常礼节、识字等；十五岁入大学，主要学习诗、书、礼、乐以及武艺。换而言之，小学主要学习"详训诂，明句读"，大学是"穷理正心，修礼治人"，即学习如何参与国家政治、治国安邦的道理。

　　为此，《大学》第一章就提出"三条纲目"和实现这三条纲目的"八个条目"，这是《大学》一书的总论，其原文如下：

　　大学之道，在明明德，在亲民，在止于至善。

文章第一句就讲道"大学之道"（大学教育的目标），也就是"三个纲目"：

　　第一个是"在明明德"。所谓"明德"指本来就有的真纯的德性，"明明德"就是要把那种真纯的德性彰显或表现出来，大学教育的目的就是让人觉醒、使人明白，从而使已被遮蔽了的能体现真纯的德性的"仁义"展现出来。第二个是"在亲民"，意思是在于使民众的品性不断进步，日新月异，"亲"即"新"的意思。第三个是"在止于至善"，意思指达到最高的道德境界。

　　以上三点就是《大学》所谓的"三个纲目"，实现"三个纲目"的八个条目原文如下：

　　古之欲明明德于天下者，先治其国；欲治其国者，先齐其家；欲齐其家者，先修其身；欲修其身者，先正其心；欲正其心者，先诚其意；欲诚其意者，先致其知。致知在格物。物格而后知至，知至而后意诚，意诚而后心正，心正而后身修，身修而后家齐，家齐而后国治，国治而后天下平。自天子以至于庶人，一是皆以修身为本。其本乱而末治者，否矣。

　　其大意为：古代想把自己纯净的德性彰明于天下的人（明明德于天下者。天下：指中国全境），首先要治理好自己的国家（治国。国：指诸侯国）。要想治国先要搞好家族内部关系（齐家）。要齐家先要把本身的品性修养好（修身）。想修身先要端正思想（正心）。正心首先意愿真诚（诚意）。想意愿真诚就要充实自己的知识（致知）。致知的方法在于精研事理（格物）。反过来推导，穷究了事理就获得了知识（知致）。获得了知识之后才能提高修养（身修）。自身提高了修养，家族关系就能协调（家齐）。家族关系协调了，国家就能得到治理（国治）。国家治理好之后，天下就进入太平之世（天下平）。

　　以上内容看似绕来绕去，其实主要解决八个关键问题：格物、致知、诚意、正心、修身、齐家、治国、平天下。这就叫"八条目"，简称"八目"。

从这"八目"之中，我们可以看出，"修身"是关键。从"修身"起，向内修养或认识，就是正心、诚意、致知、格物；向外事功或推广，就是齐家、治国、平天下。所以会强调说："自天子以至于庶人，一是皆以'修身'为本。"

我们知道，中国自古以来就是一个农业国，主要以"家"为本，所以《大学》所讲的道德概括起来六个字：个人—家族—国家。概而言之，个人修养好了，家族就和睦了，家和睦了国家就可长治久安了。有句成语"家和万事兴"由来于此。

当然从孔子、孟子到《大学》提出来的各种思想和政治主张，确实深得人心。但坦率地说，此种思想过于理想化，它排除了社会实践，同时也没有考虑到复杂的政治、经济问题，而且也没有顾及时间、地点等各种具体情况，所以很难实现。这从孔子、孟子的一生可以看到。孔子、孟子周游列国，宣扬各自的主张，但结果是到处碰壁。可以说，自秦汉以来的两千年的历史记载，还未出现过成功的例子。尽管如此，《大学》对中华民族的人格塑造和文化心理的形成依然影响深远。

精神的向度

——《中庸》

　　《中庸》是《礼记》里另一篇文章,所以《中庸》与《大学》常常相提并论,后来朱熹将其与《论语》、《孟子》、《大学》合称"四书"。从1313年到1905年,二者都成了经典,都是国家考试的基本参考书。

　　但二者有很多方面是不同的,《大学》处理的是社会、政治事务;而《中庸》谈得更多的是心理学和哲学。也可以说《中庸》讲的是儒家的处世哲学。"中庸"是儒家特有的概念,"中"就是不过分,不欠缺;"庸"就是不突出,不失常。儒家认为对人对事应该本着这样的原则去做,掌握最佳状态,恰到好处,也就是俗话说的"不温不火"、"火候正好",这就叫"中庸",大体相当于我们现在所说的"适度而得体"的意思。办事讲究"适度"而且"得体",就叫"中庸之道"。这个要求,说说容易做起来难,所以它是儒家处人处世的最高原则。

　　《中庸》是汉初人写的,但一般认为是子思所作,后来传给孟子。朱熹则进一步发挥说:"此篇乃孔门传授心法。子思恐其久而差也,故笔之于书以授孟子。"(《中庸章句》)"心法"本来是佛教用语,儒家本没有这种东西,指不立文字而用心领神会的方法传授的秘诀。这是朱熹的理解。因为"中庸之道"过去讲得确实让人不易领悟,尤其不易掌握,所以难免带有几分只可意会而不可言传的神秘色彩。因此他借用了佛教中"心法"这个词。并且说:"读者玩索而有得焉,则终身用之,有不能尽者善矣。"(《中庸章句》)

　　朱熹把《中庸》分成33章。第一章是总论,其余各章都是从各个角

度阐明总论的。原文说：

> 天命之谓"性"；率性之谓"道"；修道之谓"教"。"道"也者，不可须臾离也。可离非道也。是故君子戒慎乎其所不睹，恐惧乎其所不闻。莫见乎隐，莫显乎微，故君子慎其独也。喜怒哀乐之未发，谓之"中"；发而皆中节，谓之"和"；中也者，天下之大本也；和也者，天下之达道也。致中和，天地位焉，万物育焉。

其大意是：上天给予人的天赋叫做"性"。顺人性之自然而行事叫做"道"。把道加以修明涵养就叫做"教"。道和人一刻也分不开。可以分开的不是道。所以有教养的人在别人看不见的地方也很警惕；在别人听不见的地方也很警惕。因为越是别人看不见就越容易流露；越是在小事上越容易显现。所以有教养的人在独处时也能对自己的言行非常谨慎。喜怒哀乐之情，在尚未表露出来的时候叫做"中"；一旦表露出来而又无不适度（皆中节），叫做"和"。中，是天地的本体；和，是天地的规律。"中和"的道理得到充分发展（致中和），天地就各得其所（天地位焉）、万物也就正常成长了（万物育焉）。

这是"中庸之道"的基本原理，有三层意思：其一，它是忠孝仁爱等伦理原则，是与生俱来的本性。人只要自然而然地按照本性去做就行了。其二，事实上它不是人人都做得到，所以还要教育、修养、严格要求自己。其三，一旦人人都能修养到使自己的思想感情一表露出来就能准确地合乎礼法的要求（致中和），君臣父子等人伦关系就都摆正了，社会就可以正常运转。可见所谓"中庸之道"就是让人们的一举一动都能准确地合乎礼法要求，不打折扣也不加码（致中和）。

如果把《中庸》的理论作为方法论抽象出来看，"中庸之道"要求人们对事物的把握，既不过分也不欠缺，既反对"左"的偏差，也反对右的偏差。

实际上，《中庸》就是要求人不超越自己的地位、名分行事，要安分守己,一切听任天命(也就是封建秩序)的摆布而不能反抗,只有这样才算合乎"中庸"之道。所以《中庸》又引孔子的话说:"君子中庸,小人反中庸。君子之中庸也,君子而时中(时刻掌握行为的分寸)。小人之反中庸也,小人而无忌惮也!"其实质就是叫人不得"越轨",不得"犯上",于是封建社会便可以长治久安了。

总而言之,《中庸》作为儒家经典,从来没有丧失对务实的基本关怀和重视。它所产生的影响,一直延续到今天。

"春秋笔法"之表率

——《春秋左传》

《春秋》是鲁国的史书，也是世界上最早的一部编年史。记载了从鲁隐公元年，即东周第一代君主平王四十九年（公元前 722 年）到鲁哀公十四年，即周敬王三十九年（前 481 年）这 242 年间鲁国和其他诸侯国以及周王室的重要事件，因此，我国历史上把这个时代叫"春秋时代"。

编年史是按年、月、日记事的史书形式。《春秋》这部编年史的记事非常简单，一件事一句话，相当于一部大事年表，所以记述 242 年的史事才用了约 16000 个字。下边摘录一段隐公元年的记载，其记事之简洁从中可见一斑：

元年，春，王正月。三月，公及邾仪父盟于蔑。夏，五月，郑伯克段于鄢。秋，七月，天王使宰咺（xuān 宣）来归惠公、仲子之赗（fèng 凤）。九月，及宋人盟于宿。冬，十有二月，祭伯来。公子益师卒。

"春秋"这两个字相当于今天"历史"的概念，是当时各国史书的通称。所以《墨子》上有"周之春秋"、"燕之春秋"、"宋之春秋"、"齐之春秋"等说法。在农业社会，"春"和"秋"是一年四季（古代称为"四时"）中两个最重要的季节。春种秋收是一年中的大事，秋收完毕，一年的大事就算了结了。所以古人就用这两个季节的名称代表一年的过程。编年史是以年为单位记事的，所以记述一年间史事的书就叫"春秋"。今本《春秋》是鲁国史书名。因为是本国人记本国事，所以只用"春秋"两个字就够了,正像司马迁写我国古代史只用《史记》为名一样。

鲁国是周武王的弟弟周公旦的封国,但是从周公之子伯禽到鲁国当国君,到隐公的父亲惠公,这 12 代国君几百年的记载全部无存。所以《春秋》是一部不完全的鲁国史。尽管如此,《春秋》还是给研究我国公元前 5～8 世纪的历史提供了丰富的史料。

《春秋》不但记述了大量的古代战争、盟会、政变、兵制、刑法、赋税、礼制、宗法、婚丧等人事方面的资料,而且记述了大量的天象、地理、地震、灾荒等自然现象的资料。《春秋》的价值就在这里。

《春秋》的记事方式是当时列国编年史共同的体例。而且那时列国之间有把本国发生的大事互相通报的习惯。所以同一件事,各国史书的记载大体相同。换句话说,也就是《春秋》记事用的是当时列国通用的体例。

《春秋》本是鲁国史官所记国史,但一般认为是孔子所作。《孟子·滕文公下》说:“世衰道微,邪说暴行有作。臣弑其君者有之,子弑其父者有之。孔子惧,作《春秋》。”司马迁《史记·十二诸侯年表序》说:“孔子明王道,干七十余君而莫能用。故西观周室,论史记旧闻,兴于鲁而次《春秋》。”因为这两部权威著作的认定,孔子作《春秋》的说法遂深入人心。但是从前面所讲到《春秋》所记事与列国史书的体例、文字相同这件事来看,孔子享有《春秋》的著作权的可能性是不大的。唐代以后有许多学者对孔子作《春秋》的说法开始持怀疑态度。

但也不能说《春秋》和孔子毫无关系,因为先秦古籍中还有不少地方提到《春秋》和孔子有关。而且,《春秋》是孔门课程之一,如果说孔子当年教学生,用的就是这部官修的编年史抄本。在教学中曾经作过某些编次,或有所取舍,但基本保留着鲁史原貌,也是合乎常理的。孔子不会,恐怕也不敢不顾自己的“名分”对国史大删大改。

由于《春秋》记事太简单,所以后人作了各种不同的注解本。《汉书·艺文志》著录的《春秋》经文和重要的注本有:“《春秋》:古经十二篇,经十一卷(公羊、穀梁二家)。《左氏传》三十卷(左丘明,鲁太史)。

《公羊传》十一卷(公羊子,齐人)。《穀梁传》十一卷(穀梁子,鲁人)。"就也就是我们讲的"春秋三传",即《春秋公羊传》、《春秋穀梁传》、《春秋左传》。

《春秋》的"经"和"传"本来是各自成书、别本单行的。把《春秋》经文和《左传》传文按年份编在一起始于晋代杜预。所谓"传"就是对"经"的阐释或注明。

毫无疑问,《左传》是《春秋》最好的注本。汉人恒谭曾经在《新论》中评论说:"《左氏传》于经,犹衣之表里,相待而成。有经而无传,使圣人闭门思之十年,不能知也。"(严可均《全后汉文》卷一四)这是很切实的评价。举例说,前边引用的隐公元年"夏,五月,郑伯克段于鄢"的《春秋》经文,真是"闭门思之十年"也弄不清是怎么回事。只有通过《左传》的解说才知道是郑国国君和弟弟共叔段争位的事。《左传》不但保存了丰富、完备的史料,而且创造了足以垂范后世的记事文学。

需要知道的是,古代的史官在记事的同时还要表态。史官的职责就是要求他记事之前先要结合人物的"名分"(即一个人的尊卑、贵贱、嫡庶等宗法地位)对事件及人物的行为作出忠奸、善恶、是非、曲直的评价(经学家叫做"美刺"、"褒贬")。然后再确定强调什么,回避什么,从哪个角度写,选择什么字眼等等,有许多讲究。这些行文、措词上的讲究,经学家叫做"书法(书写的方式或方法)",其中所蕴含的"美刺"、"褒贬"的道理叫做"大义",合起来叫做"义法"或"义例"。也叫"微言大义"。"微言"就是简单而微妙的措词,"大义"就是大道理。此外还有"春秋大义"、"春秋笔法"、"一字褒贬"等说法,基本上都是这个意思。《春秋公羊传》、《春秋穀梁传》都很注重这点。

《公》、《穀》两传也有补充史实的地方,所补有《左传》不载的,也有详于《左传》的,但为数不多,主要讲"微言大义"。所以前人说《左传》传事不传经,《公》、《穀》传经不传事。换言之,《左传》重在史实;而《公》、《穀》重在史论,但不管史实、史论,对于研究中国的政治史、文化史、学术史、思想史都是很有用的资料。

走向世界的中国"兵经"

——《孙子兵法》

可以说,战争是伴随着人类的历史一起来的,它是人类历史发展中重要的组成部分。人类历史的发展大体上是战争与和平的二重奏,同时也是文明与野蛮的转化器。据历史记载,中国自新石器时代以来,战争之频繁、巨大、复杂令人震惊。春秋战国完全是一部战争史,闭上眼,我们随便就可以说出不少的战争。

《孙子兵法》产生在这样的年代就不足为奇了,它是上古以来的历次战争经验的总结和理论概括。但它不仅仅是就战争论战争,主要是以战争为基础,论及天道、人道等一般问题,或者说普遍性的规律,而且已

孙子雕像

上升为一种艺术，即战争艺术，令人叹为观止。那它的作者是谁？它是一本什么样的奇书？

《孙子兵法》的作者是孙武，后人尊称为孙子、孙武子（兵圣）。他的生卒年月现已不可考。据宋人邓名世在《古今姓氏书辩证》一书中的记载，孙武字长卿，大约与孔子同时。他的祖父是齐国的大夫田书，因为与莒国（今山东莒南一带）打仗获胜，赐姓孙，并以乐安（今山东惠民）作为封地送给他。后因齐国内乱，孙武一家逃往吴国。当时正值吴王阖闾（前514年—前496年）当政时期，由吴国大臣伍子胥推荐，被吴王任用为将，命其带兵3万与楚兵20万相战，多次打败楚国，终于在公元前506年攻陷了楚国的都城郢（今湖北江陵）。当时的吴国"西破强楚入郢，北威齐晋，显名诸侯，孙子与有力焉"（《史记·孙武列传》）。

《孙子兵法》有十三篇，但《汉书·艺文志》著录为："吴孙子兵法八十二篇，图九卷。"所说的八十二篇中的篇目以及图后来都散失了，但其中的主要部分十三篇，也就是我们平时讲的"兵法五千言"，一直保存了下来。其他的有些部分保存在唐朝中叶史学家杜佑的《通典》中。但从南宋著名学者叶适以来，一直有人怀疑孙武的存在以及《孙子兵法》十三篇的作者是否是孙武。直到1972年考古工作者在山东临沂银雀山汉墓出土的竹简中，发现了《孙子兵法》。这部竹简本《孙子兵法》与今本《孙子兵法》十三篇大致相同，历史上长期关于《孙子兵法》的作者和写作年代的争论才告一段落。

孙武深深意识到，战争是军事活动，但又不单纯是军事活动，它必然涉及决定战争性质的政治，为战争提供保障的经济，还牵涉到其他种种的自然条件和社会条件。孙武认为在研究战争问题时不光要具有军事头脑，更重要的是具有哲学、智慧的头脑。他在强调战争问题的严重性和重要性时，把影响和制约战争胜负的各种要素概括为"五事"，又把"五事"的具体表现概括为"七计"，这样就把涉及战争的方方面面都考虑进去了。

关于"五事"，孙武说道："兵者，国之大事，生死之地，存亡之道，不可不察也。故经之以五事,校之以计,而索其情:一曰道,二曰天,三曰地,四曰将,五曰法。……凡此五者,将莫不闻,只知者胜,不知者不胜。"(《孙子·计》)其大意是说,战争是关系到国家的生死存亡的大事,必须得认真对待,丝毫马虎不得,总结起来就是道、天、地、将、法这五点。所谓的"道"指的是道义原则,有道就可使民众与君主同心同德,上下一心,大家才可以与国家共生死、共存亡;"天"指的是气候、季节,时令等自然条件,也就是天时对战争的影响;"地"指的是地理条件,譬如远近、险易、广狭等方面,也就是地利对战争的重要性;"将"指的是将军要具有"智、信、仁、勇、严"这五种品质或品德;"法"指的是军队本身的规章制度、法律法规,包括军队编制、指挥信号、军官职责和军需供应制度等,实际上就是我们平时讲的"天时、地利、人和"这些方面。

以上五个方面对那时的战争来讲,缺一不可。并且它们是相互联系、相互作用,是一个整体的系统,只有整合好或协调好这个系统方能赢得战争。那么怎样来具体把握好这五个方面呢?孙武认为从七个方面去比较和推断,即"七计"。

第一,看双方的君主谁有道、谁无道,也就是看君主的品质和才能;第二,看双方的将领有无领导才能;第三,看双方谁占天时地利;第四,看双方的军法命令执行如何;第五,看双方作战士兵的强弱、士气是高昂还是沮丧;第六,看双方的官兵对战术熟悉程度,运用程度;第七,看双方的军法赏罚分明还是不分明。我们要把这七个方面的比较结论联系起来,从整体上去推断,就可以预知战争的发展和胜负结果。

孙武一再强调不能为战争而战争,能够避免的尽量避免,能采取非战争的方式取胜才是最高的智慧,所谓"不战而屈人之兵",譬如从政治上解决双方的冲突,也可以达到战争的目的。最好的战争不是百战百胜,而是不战而胜。所以优先的战略是,首先看看能不能粉碎敌人发兵的意图;其次看看能不能利用外交孤立敌人,使不敢发兵;再次才是用兵作战;最下策才是攻城之类的办法,这实在不得已而为之,不会有真正的赢家。

　　孙武在讨论战争问题时，极其强调对敌我双方的认知，包括对上面提到的"五事"和"七计"的认知，要对双方的各种情况都摸清楚、合理的判断、认真的推敲，才能达到"知己知彼，百战不殆"。而不是求神问鬼、占卜卦象来猜测，一定要从对方那里得到可靠的、真实的信息，才可以运筹帷幄于手中，做到料敌如神，战而胜之。当然在具体的交战双方中可能因各种意想不到的情况，使战争的局势随时发生变化，正所谓"兵无常势，水无常形"。孙武强调要辩证地看待战争的各种情况，随时调整战术、战略，因势利导，掌握战争的主动权。

　　《孙子兵法》现已被翻译成英、德、俄、日等 20 种语言文字，全世界现有《孙子兵法》的刊印本达数千种之多，很多国家的军校都把《孙子兵法》作为教材来使用。据报道，在 1991 年的海湾战争中，交战各方都曾对《孙子兵法》作过研究，借鉴它的军事思想以指导战争。《孙子兵法》还是哈佛商学院和美国西点军校的必读教材。

　　《孙子兵法》曾影响了很多知名人士的一生而成为他们成功的法宝，譬如本田宗一郎、松下幸之助、盛田昭夫、通用汽车罗杰·史密斯、软银总裁孙正义等等。如此一来，《孙子兵法》也就成了启迪人生创新智慧的商界必备实战手册。

楚地的天籁之音

——《楚辞》

所谓楚辞，又称"楚词"，它是古代中国南方楚国的歌词。到后来它有两层含义：一层是指诗歌的体裁而言，二层是指诗歌总集的名称而言。就诗歌体裁而言，它是中国古代伟大爱国主义诗人屈原所开创的，是他在楚国民歌基础上加工而成的，同时又大量运用楚地的方言方韵，以及当地的历史风情、山川人物、神话传说，而独创的一种新诗体；就诗歌总集的名称而论，它是西汉末年刘向辑录的一部"楚辞"体的诗歌总集，编成《楚辞》一书。其中收入屈原、宋玉的作品以及汉代的贾谊、淮南小山、严忌、东方朔、王褒、刘向等人承袭模仿屈原的作品，共计16篇。其中以宋玉的成就最大。宋玉，战国晚期楚鄢郢人（今湖北宜城），约生于公元前298年，死于约公元前222年，他是屈原的弟子，也是屈原之后最杰出的楚辞作家，后世将他们称之为"屈宋"。如《渔父》、《大招》还有《招魂》等名篇究竟为屈原所作还是归之于宋玉，一时还很难分辨，可知宋玉艺术成就之高。尽管宋玉的成就难与屈原相比，但他是屈原诗歌艺术的直接继承者。在他的作品中，物象的描绘趋于细腻工致，抒情与写景结合得自然贴切，在楚辞与汉赋之间，起着承前启后的作用。后人多以屈宋并称，可见宋玉在文学史上的地位。

屈原，名平。根据《离骚》"摄提贞于孟陬（zōu 邹）兮，惟庚寅吾以降"，可推定屈原出生于楚威王元年（前339年）正月十四日。上古帝颛顼氏为屈原的先祖，属楚国公族。据《史记·屈原贾生列传》，屈原曾任楚怀王左徒，对内主张举贤任能，对外主张联齐抗秦，深得楚怀王的信

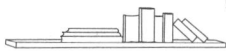

任。上官大夫靳尚出于妒忌,趁屈原为楚怀王拟订宪令之时,在怀王面前诬陷屈原,怀王于是"怒而疏屈平"。此后,楚国一再见欺于秦,屈原曾谏楚怀王杀张仪,又劝谏怀王不要往秦国和秦王相会,都没有被采纳。楚怀王死于秦后,顷襄王即位,屈原再次受到令尹子兰和上官大夫靳尚的谗害,被顷襄王放逐,终投汨罗江而死。

屈原除了在郢都任职外,有两次飘荡在外的经历。一次是汉北,这是在屈原遭到楚怀王疏远之时,离开了郢都;另一次是在江南,历经长江、洞庭湖、沅水、湘水等处,这是屈原遭顷襄王放逐之地。在长期的流放生活中,屈原积聚了深厚的悲痛和思念之情,并通过诗歌表达出来。可以说,他的大部分诗篇都是与其漂泊生涯有关的。

屈原雕像

屈原是一位执著、顽强、忧伤、怨艾、愤世嫉俗、不容于世的真理的追求者。《离骚》把最为生动鲜艳、只有在原始神话中才能出现的那种无羁而多义的浪漫想象,与最为炽热深沉、只有在理性觉醒时刻才能有的个体人格和情操,最完满地融合成了有机整体。由是,它开创了中国抒情诗的真正光辉的起点,成为无可比拟的典范。

从司马迁的记载中可以看出,屈原出自宗族感情,站在维护楚国的立场,主张联合齐国对抗秦国。这不仅符合楚国的利益,同时也是符合中原传统文化精神的。因此,屈原对自己的理想和行为充满了信心和希望,而对自己遭到的不公正待遇充满了哀怨、愤激之情,不得已而借诗歌倾泻出来。屈原的一生是坚贞不屈的悲剧性的一生,他的《九歌》、《离骚》、《天问》、《招魂》、《九章》等,都印记着他一生的心迹。

屈原对后世影响最大的,首先是他那砥砺不懈、特立独行的节操,以及在逆境之中敢于坚持真理,敢于反抗黑暗统治的精神。屈原的遭遇是

中国封建时代正直的文人士子普遍经历过的,因此,屈原的精神能够得到广泛的认同。如西汉贾谊因为才高受嫉,谪迁长沙,作《吊屈原赋》,以屈原自拟。可以说,哪里有士子之不遇,哪里就有屈原的英魂,屈原精神成了安顿历代文人士子的痛苦心灵的家园。

屈原以其卓越的人格力量和深沉悲壮的情怀,鼓舞并感召了后世无数的仁人志士。屈原由于其忧愤深广的爱国情怀,尤其是他为了理想而顽强不屈地对现实进行批判的精神,早已突破了儒家明哲保身、温柔敦厚等处世原则,为中国文化增添了一股深沉而刚烈之气,培养了中国士人主动承担历史责任的勇气。这是屈原及其辞赋对中华民族精神的重大贡献。

屈赋的艺术成就对后世也有着巨大的影响。与《诗经》相比,楚辞在艺术上达到了一个新的境界,哺育了一代又一代的作家,对中国文学史产生了极其深远而广泛的影响。主要表现在三个方面:首先,楚辞创造了一种新的诗歌样式,这种诗歌形式无论是在句式还是在结构上,都较《诗经》更为自由且富于变化,因此能够更加有效地塑造艺术形象和抒发复杂、激烈的感情。其次,楚辞突出地表现了浪漫的精神气质。这种浪漫精神主要表现为感情的热烈奔放,对理想的追求,以及抒情主人公形象的凸现,想象的奇幻等。再次,楚辞的象征手法对后世的文学创作有重大影响。楚辞中典型的象征性意象可以概括为香草美人,它是对《诗经》比兴手法的继承和发展,内涵更加丰富,也更有艺术魅力。

中国最早的国别体史书

——《国语》

　　《国语》是中国最早的一部国别史著作,全书二十一卷,记录了周朝王室和鲁国、齐国、晋国、郑国、楚国、吴国、越国等诸侯国的历史,是各国史料的汇编。《国语》记事上起周穆王十二年(前990年)西征犬戎(约前947年),下至智伯被灭(前453年),包括各国贵族间朝聘、宴飨、讽谏、辩说、应对之辞以及部分历史事件与传说,成书约在战国初年。

　　关于国语的作者,自古至今学界多有争论,现在还没有形成定论。司马迁最早提到国语的作者是左丘明,其后班固、李昂等也都认为是左丘明所著,还把国语称为《春秋外传》或《左氏外传》。但是在晋朝以后,许多学者都怀疑《国语》不是左丘明所著。直到现在,学界仍然争论不休,一般都否认左丘明是《国语》的作者,但是缺少确凿的证据。普遍的看法是,《国语》是战国初期一些熟悉各国历史的人,根据当时周朝王室和各诸侯国的史料,经过整理加工汇编而成。《国语》按照一定顺序分国排列,在内容上偏重于记述历史人物的言论。这是国语体例上最大的特点。

　　各国"语"在全书所占比例不一,每一国记述事迹各有侧重。《周语》对东、西周的历史都有记录,侧重论政记言;《鲁语》记春秋时期鲁国之事,但不是完整的鲁国历史,很少记录重大历史事件,主要是针对一些小故事发议论;《齐语》记齐桓公称霸之事,主要记管仲和桓公的论政之语;《晋语》篇幅最长,共有九卷,对晋国历史记录较为全面、具体,叙事成分较多,特别侧重于记述晋文公的事迹;《郑语》则主要记史伯论天下兴衰的言论;《楚语》主要记楚灵王、昭王时期的事迹,较少记重要历史事件;《吴语》独记夫差伐越和吴之灭亡;《越语》则仅记勾践灭吴之事。

《国语》主要反映了儒家崇礼重民等观念。西周以来的敬天保民思想在书中得到了继承。虽然《国语》许多地方都强调天命,遇事求神问卜,但在神与人的关系上,已是人神并重,由对天命的崇拜,转向对人事的重视,因而重视人民的地位和作用,以民心的向背为施政的依据。如《鲁语上》鲁太史里革评晋人弑其君厉公时,认为暴君之被逐被杀是罪有应得,咎由自取,臣民的反抗行为无可厚非。

《国语》以记言为主,所记多为朝聘、飨宴、讽谏、辩诘、应对之辞。《国语》记言文字在形象思维和逻辑思维方面都很填密,又有通俗化、口语化的特点,生动活泼而富于形象性。当然,由于《国语》是各国史料的汇编,素材来源不一,编者亦未作统一润色,其记言水平参差不一,风格也颇有差异。比如《周语》旨在说教,行文委婉,多长篇大论;《鲁语》篇幅不长,语言隽永;《楚语》、《吴语》、《越语》则文字流畅整饰,颇有气势。《国语》中的应对辞令,有的与《左传》相同,但文字不如《左传》精彩,有的则难分高下。有的为《左传》所不载的辞令,也颇有特色。如周襄王不许晋文公请遂,辞婉义严(《周语中》);越王勾践求成于吴,辞卑气低等(《吴语》),都是很有特色的辞令。而《国语》中一些议论说理文字,往往也精辟严密,层次井然。如《周语上》邵公谏厉王弭谤,《鲁语下》敬姜论劳逸,《晋语八》叔向贺贫,《楚语下》王孙圉论宝,都历来为人们所称道。

《国语》没有单纯的议论文或语录,记言多于记事,有一系列大小故事穿插其中,因此表现出叙事技巧和情节构思上的特点,有时也能写出鲜明生动的人物形象。总的说来,《国语》也有对历史事件因果关系的叙述,但不及《左传》普遍、完整。《国语》中许多事件的前因后果及经过都是一笔带过,而把重点放在大段的议论文字上。当然《国语》也有情节生动曲折、极富戏剧性的叙事,如《晋语》前四卷写晋献公诸子争位的故事、献公宠妃骊姬的阴谋、太子申生的被谗冤死、公子重耳的流亡等,

都写得波澜起伏,精彩纷呈。其中有虚拟的情节,也有精彩的描写,更有一些滑稽的小插曲,写得生动活泼。对晋献公诸子争位的叙述,展示了春秋时期一场复杂政治斗争的生动画卷,描绘出一系列生动的人物形象,体现了《国语》叙事的成就。

由于国别史的特点,《国语》有时在记叙某一国事件时,集中在一定篇幅写某个人的言行,如《晋语三》写惠公、《晋语四》专写晋文公。这种集中篇幅写一人的方式,有向纪传体过渡的趋势。但尚未把一个人的事迹有机结合为一篇完整的传记,而仅仅是材料的汇集,是一组各自独立的小故事的组合,而不是独立的人物传记。总之,由于《国语》以记言为主,虽然叙事和刻画人物有一定特色,但文学成就比《左传》还是稍逊一筹。

先秦历史散文的集大成者

——《战国策》

　　《战国策》是中国古代的一部历史学名著,原有《国策》、《国事》、《短书》、《事语》、《长书》、《修书》等名称,主要记载战国时期谋臣策士纵横捭阖的斗争。全书按东周、西周、秦国、齐国、楚国、赵国、魏国、韩国、燕国、宋国、卫国、中山国依次分国编写,分为 12 策,33 卷,共 497 篇。所记载的历史,上起公元前 490 年智伯灭范氏,下至公元前 221 年高渐离以筑(一种乐器)击秦始皇,约 12 万字。是先秦历史散文成就最高、影响最大的著作之一。

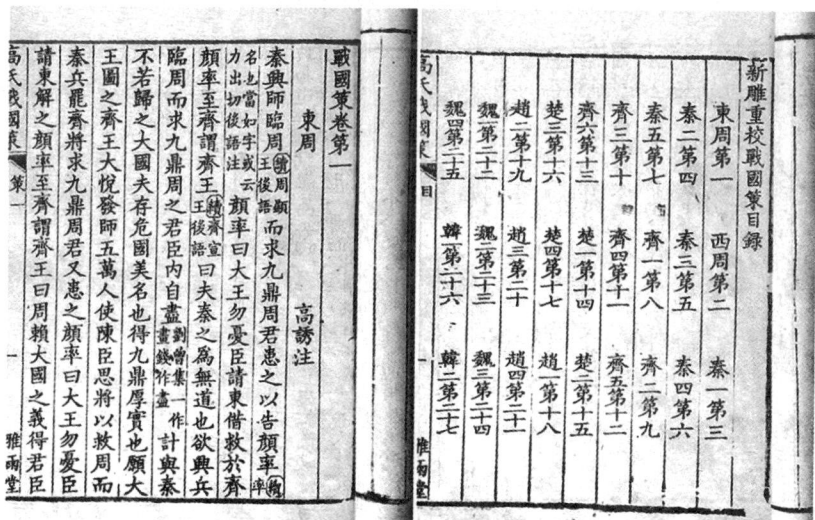

《战国策》书影

《战国策》实际上是当时纵横家（即策士）游说之辞的汇编。而当时七国的风云变幻，合纵连横，战争绵延，政权更迭，都与谋士献策、智士论辩有关，因而具有重要的史料价值。该书文辞优美、语言生动，富于雄辩与运筹的机智，描写人物绘声绘色，常用寓言阐述道理，其中著名的有"画蛇添足"、"亡羊补牢"、"狡兔三窟"、"狐假虎威"、"南辕北辙"等。这部书有文辞之胜，在我国古典文学史上亦占有重要地位。

《战国策》的作者直到现在也没有确定。西汉末年，刘向校录群书时在皇家藏书中发现了六种记录纵横家的写本，但是内容混乱，文字残缺，于是他按照国别编订了《战国策》。因此，战国策显然不是一时一人所作，刘向只是战国策的校订者和编订者。因其书所记录的多是战国时纵横家为其所辅之国的政治主张和外交策略，所以刘向把这本书名为《战国策》。

北宋时，《战国策》散佚颇多，经曾巩校补，是为今本《战国策》。1973年，在长沙马王堆三号汉墓出土了一批帛书，其中一部类似于今本《战国策》，整理后定名为《战国纵横家书》。该书共26篇，其中11篇内容和文字与今本《战国策》和《史记》大致相同。

与《春秋》、《左传》、《国语》主要反映儒家思想不同，《战国策》突出表现了纵横家思想，反映了纵横家的人生观。在政治上他们崇尚谋略，强调审时度势，肯定举贤任能，在人生观上则是追求功名显达、富贵利禄。不过，《战国策》的思想内容又比较复杂，所记人物也反映出不同的价值取向。既有讲权术谋诈，图个人功名利禄的朝秦暮楚之徒，也有"为人排患、释难、解纷乱而无所取"之士（《赵策三》）。《战国策》的思想价值，在于它反映了战国时代"士"阶层的崛起。书中大量描写策士奔走于诸侯之间，纵横捭阖，令"所在国重，所去国轻"（刘向《战国策叙录》）的重要作用和社会地位，可以说是一部士阶层尤其是策士行迹的生动写照。

《战国策》的文学成就首先表现在人物形象的塑造上。全书对战国时期社会各阶层形形色色的人物都有鲜明生动的描写，尤其是一系列

"士"的形象,更是写得栩栩如生,光彩照人。纵横之士如苏秦、张仪,勇毅之士如聂政、荆轲,高节之士如鲁仲连、颜镯等等,个个都个性鲜明,具有一定的典型意义,代表了士的不同类型。由于作者对这些人物心仪不已,颇为倾慕,甚至不惜脱离史实,以虚构和想象进行文学性描写。《战国策》中,出于虚构依托的内容颇多。如书中用力极深,描写得极成功的人物苏秦,其事迹言论有不少就是虚构的。至于在具体描写中,虚构的手法更为普遍,也更进一步。如《秦策一》写苏秦夜读,引锥自刺及慨叹之语,显然是作者根据传闻虚拟而成。夸张虚构不合史著的要求,但却使叙事更加生动完整,更有利于塑造鲜明的人物形象。

《战国策》还以波澜起伏的情节,个性化的言行,传神的形态和细节来描写人物。作者不满足于平铺直叙,有意追求行文的奇特惊人,如《燕策三》记燕太子使荆轲刺秦王,其中田光自刎以明不言,樊於期自刎献头以图报仇,易水送别,秦廷献图行刺等情节,出人意表,慷慨悲壮,于紧张激烈的矛盾冲突中,人物性格得以生动展现。人物个性化的言行在《战国策》中也很突出,如《秦策一》中,苏秦落魄而归后的刺股和喟叹,荣归故里时的感慨,其家人前倨后恭的言行等,都反映了人物的内心世界和性格特征。

《战国策》是战国时期各国史官记载的策士们游说诸侯国的言论资料,记载了战国时期谋臣策士相互辩论时所提出的政治主张和斗争策略以及相互倾轧的阴谋诡计,在一定程度上反映了上起三家分晋,下至楚汉之争二百多年中,各诸侯国之间和各国内部各阶级、阶层之间尖锐复杂的矛盾斗争,统治集团的争权夺利、相互倾轧、昏庸腐朽,以及兼并战争给人民带来的痛苦和灾难。这些都为研究战国史提供了丰富的资料。

一部关于生命的百科全书

——《黄帝内经》

《黄帝内经》是一部综合论述中医理论的经典著作。它以古代的解剖知识为基础,古代的哲学思想为指导,通过对生命现象的长期观察,以及医疗实践的反复验证,由感性到理性,由片断到综合,逐渐发展而成的。因此,这一理论体系在古代朴素唯物辩证法思想的指导下,提出了许多重要的理论原则和学术观点,为中医学的发展奠定了坚实的基础。

《黄帝内径》简称《内经》,分为《灵枢》和《素问》两个部分,是古代医学家依托黄帝之名所作,取名为"黄帝内经"。是一部综合阐释中医理论的医学经典著作,也是我国现存最早的医学典籍之一,它与《难经》、《伤寒杂病论》以及《神龙本草经》并称为我国传统医学四大经典著作。

《黄帝内经》一书一般认为成书于战国至秦汉时期,是出自于战国至秦汉的许许多多的医学名家及各种医学著作的总结。这一点可以从《素问》和《灵枢》各八十一篇中得到证明(从《黄帝内经》中引用的大量文献也可以得到证明)。《黄帝内经》引用的古代文献约有 50 多种,有以下几种情况:其一,既保留书名而又有内容的文献有《逆顺五体》、《禁服》、《脉度》、《本藏》、《外揣》等 16 种;其二,只引用了零星内容的文献有《刺法》、《本病》、《明堂》、《上经》、《下经》、《大要》、《脉法》、《脉要》等 8 种;其三,只留有书名的文献有《揆度》、《奇恒》、《奇恒之势》、《比类》、《金匮》、《从容》、《五中》、《五过》、《四德》、《上下经》等 29 种。

前面我们提到了《黄帝内经》分为《素问》、《灵枢》这两部分。《素问》这部分主要讲解的是脏腑、经络、病因、病机、病证、诊法、治疗原则以及针灸等内容。而《灵枢》和《素问》讲述的内容大体一样，是不可分割的姊妹篇。《灵枢》除了对脏腑功能、病因、病机等也有相关的论述之外，主要对经络腧穴、针具、刺法及治疗原则等作了重点论述，所以《灵枢》在早期又被称为《针灸》。

《黄帝内经》的基本精神和内容主要有整体观念、阴阳五行、藏象经络、病因病机、诊法治则、预防养生和运气学说等等。所谓"整体观念"，意思是说，人与外在的自然界是一个整体，而人自身也是一个整体，所以人体的各个部分是彼此联系、相互关联的，也就是我们常讲的"天人合一"。这一思想贯穿于这本书始终。所谓"阴阳五行"是讲事物之间总是处于对立统一的关系之中的。"病因病机"主要阐述了各种致病原因，以及致病后发生的各种情况，也就是疾病发生和变化的内在机理。"诊法治则"是指治疗疾病和中医认识的基本原则。所谓"预防养生"，顾名思义，就是讲养生防病经验和中医的养生学说。"运气学说"主要阐述外在自然界气候对人体生理、病理的各种危害和影响，并以此为依据，指导人们趋利避害。

《黄帝内经》内容博大精深，十分丰富，是中国医学发展的理论源头，也是历代医学家论述疾病与健康的理论来源和依据。我们现代人学习研究中医，首先也必须要求攻读《内经》，这是研究中医的一项基本功。因为，若没掌握《内经》的基本思想和基本内容，将无从理解和实施中医学中的各种临床所表现出来的疾病，对它们的认识、诊断、治疗原则、选药处方等等将会无所适从。

《黄帝内经》作为我国传统医学理论的思想基础及精髓，在中华民族近2000年繁衍生息的漫漫历史长河中，它的医学主导作用及贡献功不可没。

中华民族的童年想象

——《山海经》

　　《山海经》是我国先秦时期一本充满传奇、神秘色彩的最古老的地理书籍。古人很多时候也把《山海经》当作历史来对待。《山海经》是中国各代史家必不可少的参考书,成书年代久远,连司马迁写《史记》时也承认:"至《禹本纪》,《山海经》所有怪物,余不敢言之也。"

　　《山海经》全书 18 卷,分为《山经》5 卷、《海经》8 卷(其中《海外经》4 卷,《海内经》4 卷)、《大荒经》5 卷。全书的内容分为三个部分:第一部分包括《山经》5 卷和《海外经》4 卷;第二部分只包括《海内经》4 卷;第三部分有《大荒经》5 卷以及书末《海内经》1 卷。每部分自具首尾,而且前后贯串、有纲有目,所以组织结构比较紧凑和相对完整。《山经》主要记载动植物和矿物以及山川地理等等的分布情况;《海经》中的《海外经》主要描述了海外各国的奇异风貌,《海内经》主要记载了海内的神奇事物;《大荒经》主要记载了与黄帝、大禹和女娲等相关的许多重要神话资料。

　　《山海经》一书包罗万象,不仅对古代地理、动物、植物、矿产、神话、巫术、宗教等等有所记载,其中也包括古史、医药、民俗、民族等方面的内容。除此之外,《山海经》还以一种流水账的方式记载了一些稀奇古怪的事件,最有代表性的就是那些神话和寓言故事了,譬如夸父逐日、女娲补天、精卫填海、大禹治水、羿射九日等等。

　　《山海经》成书于何时,作者是谁,现已无法考证,但普遍认为该书并非成于一时,也不是一个人所作,而是出自于众人之手。现存最早的注本是晋代著名学者郭璞的《山海经注》。到了清代,学者郝懿行集前人之成果、采众人注释之长,撰述了《山海经笺疏》十八卷,别为《订论》一卷,贡献是非常大的。

《山海经》作为古代中国最古老的奇书之一,具有以下特征:

第一,《山海经》是以图叙事之书。据说《海经》部分是先有图、后才有相关文字说明,也就是"以图叙事"的叙事方式。因而我们可以肯定《山海经》最初的原本是有图的,后来其中的一些古图散失了,文字还在,而且流传了下来,这就是我们今天所看到的《山海经》。换言之,《山海经》是先有图,后才有书的,书中的文字是对一幅图画中内容的描述。但是不是可以认为整部《山海经》都是图的呢? 实际上,《山经》一书中包罗万象的博物学知识是很难用图形来描绘的,更何况其中还有很多动物的声音、习性等等。需要注意的是,《海经》所载的图画大多早就遗失了,而我们今天在《山海经》中看到的那些琳琅满目、怪怪奇奇的插图,基本上是后人根据书中的内容增补的,与我们说的古图完全不是一回事。

第二,《山海经》保留了大量远古时期的史料。《山海经》素来被称之为"荒诞不经"。连敢于突破《尚书》的束缚,将中国上古史推至炎、黄二帝的史学家司马迁都说"至《禹本纪》、《山海经》所有怪物,余不敢言之也"。形成这种看法的原因与我们前面提到的那种情况相关,也就是《山海经》先有图再有文字的成书过程。譬如在《海外东经》中有"工虫在其北,各有两首。一曰在君子国北"。据它本身的描述和后来考证,这里的"工

《山海经》插图

虫"应是彩虹之意,表示该地经常见到彩虹。而后来古人根据《山海经图》著《山海经》,时间已过去了几百年,而著者很可能不是文字学家,这时彩虹的"虹"字已经成为"工虫"的样子了,因此将彩虹描述为"工虫",并望文生义将其描述为"各有两首",使后人无法知道到底叙述的是天边的彩虹呢,还是描写一只有两个头的怪物,所以就连司马迁也说"余不敢言之也"。

第三,《山海经》地理描写的顺序与现实的顺序不同。正如前面所提到,《山海经》的顺序是按照南、西、北、东的方位来编排的,这大概与古人"天南地北"的生活习俗有关。也就是说,古《山海经图》与现在的地理图在方位上是不同的。

《山海经》所具有的集大成之特色,决定了这部书的多样性、复杂性、兼容性、实用性。因此,当今也有许多论者称之为中国古代的一部百科全书。它像一座知识的矿藏,储藏着历史、地理、文学、医学、宗教、民俗、绘画艺术、神话传说、奇趣佚事、杂论等多方面的宝贵知识。我们应该避免那些以偏概全的定性思维,从多视角、多学科、多领域、全方位去开发先民留下的这座富矿。追索其来龙去脉,探讨其叙事风格,比较其古今异同,揭示其遗风遗韵,阐发其文化底蕴,从而进一步理解《山海经》博大精深的意蕴,使它多方面的价值得以全面研究、开发与利用。"泛览周王传,流观山海图,俯仰终宇宙,不乐复何如?"当年,"采菊东篱下"的陶渊明已深得品读《山海经》的乐趣,今天,我们以全新的眼光静下心来再读一读《山海经》,一定会让读者在愉悦中获取知识、启迪心智、丰富想象、增广见闻、扩展视野、受益良多。

兼容并蓄的"杂家"

——《吕氏春秋》

　　《吕氏春秋》简称《吕览》，是秦国丞相吕不韦组织属下门客们集众人之手主编的一部古代百科全书式的传世巨著，大约成书于战国末年，即公元前239年，也即秦始皇统一六国前夕。该书共十二卷，分为十二纪、八览、六论，总计一百六十篇，二十多万字。

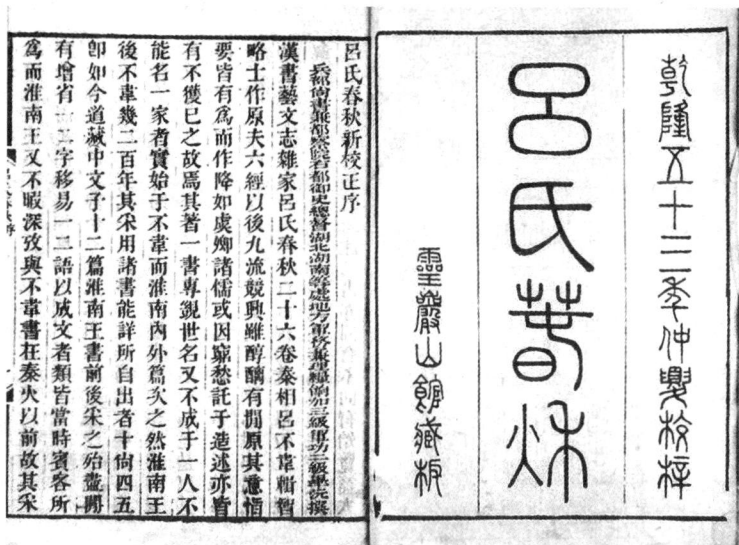

《吕氏春秋》书影

　　吕不韦，战国末年卫国濮阳人，其出生年月现已不可考，卒于约公元前235年。他原是阳翟（今河南禹县）一位富有的商人，因曾经帮助秦

始皇的父亲子楚成功登上秦国王位,被任为丞相,封文信侯,食河南洛阳十万户。秦始皇继位后,拜为相国。秦始皇十年(前237年)被免职,两年后自杀。

关于《吕氏春秋》的成书过程,据《史记·吕不韦列传》介绍,在战国末期,当时楚国有春申君,赵国有平原君,魏国有信陵君,齐国有孟尝君。他们都礼贤下士,广交宾客。除了以上四君的宾客,还有很多善辩的文人雅士纵横于列国之间,纷纷著书立说。吕不韦当时已贵为秦国丞相,认为秦国如此强大,而自己竟然不如以上诸君,实在是一件令人羞愧之事。因此,吕不韦广招门客,给予他们丰厚的待遇,但他只注重文才,不注重勇夫猛士。在吕不韦门下,一时宾客云集,多达三千人。吕不韦本是商人,要著书立说谈何容易。有了这么多人才,就可以大显身手,实现自己的愿望和抱负。

一切都准备就绪了,吕不韦吩咐门下所有食客,但凡能撰文者,每人根据自己所闻所见以及所感都写出来。当然这样的文章可谓五花八门,写什么的都有。古往今来、上下四方、天地万物、士农工商、兴废治乱、三教九流,全都有所涉及,重复的文章也不少。吕不韦精选了几位能书善写者对这些文章进行逐章逐节的筛选、归类、删定,综合,最后整理成《吕氏春秋》一书。为了精益求精,成书后,吕不韦又让门人进行了多次修改,直到他感到满意为止。吕不韦经常夸口说该书是包揽了"天地、万物、古今"的奇书。

《吕氏春秋》既为吕不韦众门客集体编成,内容自然不免驳杂,所以《汉书·艺文志》把它列为"杂家"。但它也并非没有自己的理论侧重。相比较而言,在该书所取的各家学说中,道家、儒家、阴阳家思想更多些,因而有的人说它是新道家,有的人说它是新儒家,还有的人说它的指导思想是阴阳家。但是它与纯粹的儒、道、阴阳各家学说都有不同,在杂取各家为己所用的过程中,也对各家学说进行了发展和改造,从而构成自己的理论体系。正如吕不韦自己说,该书对各家思想的取舍是客观的、公正的,是一视同仁的。这正是《吕氏春秋》一书的重要创造,预示了在秦汉大一统王朝即将出现之际，诸子百家思想也逐渐从分到合，这种思想意识的统一为封建大一统建构理论的方向演变奠定了思想基础。

《吕氏春秋》有严密的体系，全书分十二纪，它是全书的主体部分和重要部分，分为《春纪》《夏纪》《秋纪》《冬纪》，每纪都是 15 篇，共 60 篇。《春纪》主要讨论养生之道，《夏纪》论述教学道理及音乐理论，《秋纪》主要讨论军事问题，《冬纪》主要讨论人的品质问题。八览，每览 8 篇，内容从开天辟地说起，一直说到做人务本之道、治国之道以及如何认识、分辨事物、如何用民、为君等。六论，每论 6 篇，杂论各家学说。再加一篇序文，共 161 篇（今存 160 篇）。全书篇章划分十分整齐，从结构上就把它组合成了一个所谓"法天地"的完整体系。这自然也就把各家不同学说巧妙地纳入了自己的理论框架之中。

《吕氏春秋》对诸子百家兼收并蓄，因而保存了各家的思想资料，成为先秦思想的资料汇编，许多古代的遗文佚事也靠它才得以保存。比如，春秋战国诸子如杨朱、宋钘、尹文、惠施、公孙龙等人的著作早已失传，但在《吕氏春秋》中却能找到有关他们的资料，而且因为它成书在战国末期，和这些思想家相隔的时间较近，所以史料价值较高。尤其珍贵的是《上农》《任地》《辨士》等篇，保存了大量的古代农业科学技术方面的资料。

众家协奏曲的回响

——《淮南子》

《淮南子》又名为《淮南鸿烈》或《刘安子》，是我国西汉时期皇室宗族淮南王刘安招集门人宾客主持编写的。刘安（前179年—前122年）是汉高祖刘邦的少子淮南厉王刘长之子。淮南厉王因"谋反"获罪，绝食而死于流徙途中。后淮南厉王的封地被一分为三，刘安被册封为淮南王。而淮南王一心要谋反，试图成就霸业，后因叛乱，被判定为"大逆不道"，随后自杀。

据《汉书·艺文志》记载：《淮南子》一书内篇二十一，外篇三十三，一般认为，内篇主要是论道，外篇主要论述各家杂说，我们现在所看到《淮南子》二十一篇，大概都是原说的内篇所遗。所谓《淮南鸿烈》中"鸿"指的是广大的意思，而"烈"是指光明的意思。也就是认为《淮南子》一书讲述的是广大而光明的通理。全书内容颇为驳杂，糅合了道家、阴阳家、墨家、法家和一部分儒家思想，但主要的宗旨倾向于道家。可以说，《淮南子》是战国至汉初黄老之学的理论体系的总结。这一点

《淮南子》书影

与《吕氏春秋》有很多相似之处。

而对于《淮南子》的具体作者，主要有两种说法。一种认为《淮南子》是淮南王刘安及其门客共同撰著的。但据史料记载，当时淮南王招致宾客方术之人数千人，这些人是不可能全部参与《淮南子》的写作。那么在这些人当中有哪些人参与了《淮南子》的撰著？这是一个问题。第二种说法是，《淮南子》是由淮南王刘安与苏飞、李尚、左吴、田由、雷被、毛被、伍被、晋昌等八人及诸儒大山、小山之徒，共讲论道德，总统仁义，而著此书。这样撰写此书的作者就比较明确了。此后，这里出现的八个名字又被统称为"八公"，当然《淮南子》的作者也就是淮南王刘安和八公了。

《淮南子》是以道家思想为指导，吸收诸子百家学说，融会贯通而成，是战国至汉初黄老之学理论体系的代表作。在道家思想方面，《淮南子》继承了先秦道家的思想，并加以唯物主义改造。同时《淮南子》还对先秦道家"无为而治"的观点进行积极的改造和阐释，明确指出：无为，不是无所作为，而是因势利导的主动行为；在儒家思想方面，《淮南子》继承并发挥了先秦儒家"仁者爱人"的原始人道思想。也主张以民为本，人性本善，同时认为必须与后天教育相结合，才能臻于完美，即是说，善性是内在根据，教育是后天条件，只有两者结合才能成人之善，这显然与孟子偏重于反本内求有所不同。至于把外部条件归结为"圣人之教"的观点，是古代哲学在社会历史观方面的共同缺点。在法家思想方面，《淮南子》继承、发挥了商鞅、韩非的历史进化观念，提出：社会生活是变迁的，法令制度也应当随时代变迁而更改，即令是"先王之制，不宜则废之"。认为法令制度的制定，应适乎人群之需要，应考虑大势所趋、人心所向。在兵家思想方面，《兵略》篇专论军事，代表了西汉初期的军事理论水平，其主要思想如下：其一，战争的胜负，取决于政治上的得失；其二，军事行动中动与静的存在着辩证关系；其三，为将帅具体提出了一些统兵、用兵之要。

《淮南子》与《吕氏春秋》有没有关系？从原著看，《淮南子》无一字

提到《吕氏春秋》,这可能与汉初的反秦气氛有关。但事实上,正是《吕氏春秋》给予《淮南子》以最大和最直接的影响。两本书都是由上层贵族亲自主持,招揽众多学者集体写成的。成书的程序都是先拟订计划,次分头撰写,最后综合编纂。书的结构统一,篇目规整,理事相连,言辞精审。两书都是总结先秦各家学说,博采众家之长,形成一个综合性的、能贯通天、地、人的庞大理论体系,为统一的封建大帝国提供全面的思想理论根据。所不同的是,《淮南子》成书之时,处于黄老盛行的文化氛围之中,因此对道家学说特别看重。在某种意义上,也可以说《淮南子》是集黄老思想之大成的著作,当然这绝不妨碍它也融和摄取了道家之外其他学派的思想精华。

史家之绝唱

——《史记》

　　《史记》是由中国西汉时期史学家司马迁用了 18 年的时间撰写的，是中国第一部纪传体通史。全书共一百三十卷，有十二本纪、十表、八书、三十世家、七十列传，记载和书写了上自中国古代传说中的黄帝时代（约公元前 3000 年左右），下至汉武帝元狩元年间（约公元前 122 年左右）共 3000 多年的历史。它记载和书写了这段历史时期的政治、军事、经济、文化等发展状况，可谓包罗万象、脉络清晰。

　　《史记》最初不叫这个书名，通常的称呼是"太史公书"或者"太史公传"，也简称"太史公"。"史记"这个称呼原是古代史书的通称。到了三国时期，"史记"由原来对史书的一种通称渐渐变成对"太史公书"的专称。《史记》与后来的《汉书》（东汉班固著）、《后汉书》（刘宋范晔、司马彪著）、《三国志》（西晋陈寿著）合称"前四史"。又与《资治通鉴》（宋代司马光著）并称"史学双璧"。刘向等人认为《史记》"善序事理，辩而不华，质而不俚"，鲁迅称之为"史家之绝唱，无韵之离骚"。

　　司马迁，字子长，生于公元前 145 年，卒于何年何月现已无法确定。他出生于夏阳龙门（今陕西韩城）。那里南

司马迁像

中国名著甲乙丙

临黄河,北面50里是著名的龙门山,具有丰富的历史文化底蕴。司马迁的童年是在家乡度过的,他"耕牧河山之阳"(《史记·太史公自序》),与农夫牧童为伴,在饱览故乡山河名胜的同时,也有机会听到许多相关的历史传说和故事。乡土文化培育了司马迁的豪迈灵秀之气。他的父亲司马谈(?—前110),曾任太史令,是一位刻苦勤奋的学者。司马谈知识广博,他身为太史令,但对诸子百家学说有深入系统的研究,《太史公自序》收录了他的《论六家要指》一文,文中分析了先秦到汉初六个主要学术流派的得失,精辟深刻,切中肯綮。司马谈在学术观点上的兼容并包而又崇尚道家的倾向,对司马迁有直接影响。

司马迁在史官家庭中长大,受到良好的文化熏陶,自幼就养成了读书的习惯,据《太史公自序》的陈述,"年十岁则诵古文",从10岁开始诵读用揩、籀(zhoòu 昼)文写就的文献。汉代通行的是隶书,籀文是先秦古文字,当时已不易读懂,看来司马迁从小就打下了坚实的古文基础。他还转益多师,向儒学大师孔安国学习古文《尚书》,向董仲舒学习公羊派《春秋》。后来担任太史令,他又利用工作上的方便,翻阅由国家收藏的各种文献资料。从《史记》提供的线索来看,司马迁阅读的范围是非常广泛的,上至古老的有关三代的典籍,下至西汉盛世司马相如等人的辞赋,他都有涉猎。至于诸子百家的著作,春秋战国到秦汉之际的史料,乃至朝廷的公文档案,都是他的阅读对象。

司马迁在20岁时有过漫游的经历,到过东南一带许多地方。在会稽(今浙江绍兴)探访大禹的遗址,在长沙水滨凭吊屈原,在登封瞻仰许由的坟墓,在楚地参观春申君的宫殿。在刘邦发迹的丰沛之地,司马迁参观萧何、曹参、夏侯婴等人故居,听到了这些汉代开国功臣的逸闻逸事。司马迁在广阔的地域留下了自己的足迹,大大地拓展了他的视野,为《史记》的写作搜集了许多新鲜的材料,他在游览过程中的真切体验和亲身感受后来也一起写入书中。

司马迁的父亲曾任太史令,他把修史作为自己神圣的使命,可惜壮志未酬而与世长辞。元封元年(前110年),汉武帝前往泰山举行封禅大典,司马谈因病滞留洛阳,无法参加。这时,刚刚出使西南返回的司马迁匆匆赶到洛阳,接受了父亲的临终嘱托。司马谈固然对于无缘参加封禅大典而无比遗憾,更使他抱恨终生的还是未能完成修史一事。于是,他把希望寄托在儿子身上,勉励他完成自己未竟的事业。司马迁在与父亲生死诀别之际接受了修史的嘱托,修史的决心从此下定。三年后,司马迁继任太史令。太初元年(前104年),他在参与制定太初历以后,就开始了《太史公书》亦即后来称为《史记》的写作。但是,事出意外,天汉三年(前98年),李陵战败投降匈奴,司马迁因向汉武帝解释事情原委而被捕入狱,并处以宫刑,在身体和精神上给他造成极大的创伤。出狱后,司马迁任中书令,他忍辱含垢,继续写作《史记》。至征和二年(前91年),他在写给任安的信中称:"仆窃不逊,近自托于无能之辞,网罗天下放失旧闻,考之行事,稽其成败兴坏之理,凡百三十篇。"(《汉书·司马迁传》)《史记》一书的写作至此已经基本完成。从太初元年(前104年)正式开始写作算起,《史记》的写作前后经历了14年。司马迁大约死于公元前87年前后。

　　《史记》是我国纪传体史学的奠基之作,同时也是我国传记文学的开端。中国古代史传文学在先秦时期就已经初具规模,记言为《尚书》,记事为《春秋》,其后又有编年体的《左传》和国别体的《国语》、《战国策》。但是,以人物为中心的纪传体史学著作,却是司马迁的首创。《史记》的出现,标志中国古代史传文学的发展已经达到高峰。

　　《史记》是史学名著,但它具有诗的意蕴和魅力。《史记》对《诗经》和《楚辞》均有继承,同时,战国散文那种酣畅淋漓的风格也为《史记》所借鉴,充分体现了大一统王朝中各种文学传统的融汇。《史记》的影响是极其深远的,它为后代文学的发展提供了丰富的营养,也为后代史书的写作提供了范例。

儒家经济思想的确立
——《盐铁论》

　　《盐铁论》是我国西汉时期的一本政论文集,由西汉桓宽根据汉昭帝时所召开的盐铁会议记录所整理改编而成。

　　桓宽,我国西汉后期散文家,字次公,汝南(今河南上蔡西南)人,生卒年不详。汉宣帝时被举为郎,后任庐江太守丞。著有《盐铁论》十卷六十篇。其中前面四十一篇记述了盐铁会议上的正式辩论,后面四十二至五十九篇是会后余论,最后一篇是本书作者写的杂论。每篇各有题目,内容是前后连贯的。该书采用对话文体,语言生动、精练,对各方的记述栩栩如生,为我们再现了当时的辩论场景。

　　关于《盐铁论》成书过程,史料上有这样的记载:西汉汉昭帝始元六年(前81年)旧历二月,在京城长安聚集了从全国各地召集来的贤良文学人士60多人,这些人为一方。而另一方是以御史大夫桑弘羊为首的政府官员。大家一起共同讨论民生疾苦问题,历史上把这次会议称为"盐铁会议"。在这次讨论会上,知识分子与政府官员双方就盐铁官营、酒类专卖、平准、均输、统一铸币等财经政策问题,还有屯田戍边、对匈奴或战或和等一系列重大问题展开了激烈争论。可以说这是古代中国历史上第一次规模较大的关于国家政治、经济等一系列政策方针的辩论会。

　　在这次"盐铁会议"上,贤良文学(即知识分子)一方对在汉武帝时期所制定的政治、经济等方面的政策进行较为全面的反思和批评。在经济方面他们要求取消或罢黜汉武帝时期的盐铁、酒榷、均输等国家垄断行为。他们以儒家思想为武器，以仁义道德为准绳，反对"言利"，认为实行盐铁、酒榷、均输等官营政策是"与民争利"，显然这与古代圣贤所强调的"贵德而贱利，重义而轻财"的信条是背道而驰的，这样一来古代淳朴的社会风尚被败坏了，同时也会引诱人民走向"背义而趋利"的道路。所以他们认同战国以来法家提出的重本抑末，认为官营工商业"非治国之本务"，实际上是要抑制国家垄断（官营工商业）或国家干预经济，而为私人工商业争取利权，是计划经济向市场经济转化的一种方式。

以御史大夫即桑弘羊为首的政府官员，他们支持国家干涉经济的政策，坚决维护汉武帝以来所制定的盐铁官营、平准、均输等重大经济政策，认为它只"有益于国"，而"无害于人"，既可以增加国家财政收入，又可以"排富商大贾"。

会议的结果，是以儒家思想为武器、以仁义道德为准绳、反对"言利"的贤良文学士人获胜了，随后统治者就废除了全国的酒类专卖和关内铁官。这次会议过去30年后，桓宽根据其官方记录，加以"推衍"整理，增广条目，把双方互相责难的问题详尽地记述出来，写成《盐铁论》。

在"盐铁会议"的辩论中，贤良文学等儒生所阐述儒家经济思想，经过《盐铁论》的"推衍"或生发，其思想更为全面系统，从而形成了此后中国封建社会中一直占统治地位的经济思想。《盐铁论》的作者桓宽，以儒家思想为指导，所以在政治上他是站在反对桑弘羊等为首的政府官员的立场。但难能可贵的是，他比较忠实地把盐铁会议辩论双方的思想、言论整理出来。该书不仅保存了西汉中期较丰富的经济史料，同时也把桑弘羊这一封建社会杰出理财家的概略生平、思想和言论相当完整地保留了下来，成为研究中国经济思想史、特别是西汉经济思想史的一部重要著作。

古代妇女行为的建构

——《列女传》

　　《列女传》是一部记载有关中国古代妇女行为的书，也有人认为该书是我国古代的一部妇女史。它由西汉时期著名学者刘向撰写，不过也有人怀疑《列女传》不是刘向的作品。因此，我们现在见到的版本，作者处有时会标注佚名。另外一种观点认为，现在流传的版本不过是在刘向所撰写版本的基础上又增加了一些篇章而已。因此，《列女传》有两个比较著名的版本，其一是由西汉刘向所编撰的版本；其二是明代由安徽人汪道昆所编写的版本。这个版本是在刘向撰写的《列女传》的基础上所编写的，共有十六卷，增加了不少安徽汪姓女子的故事。这个版本的《列女传》，每篇都附有精美的版画插图，可谓是明代时期版画的精品。下面我们介绍的是西汉刘向所撰写的《列女传》。

　　关于该书的由来，班固《汉书·刘向传》有这样的记载：西汉时期，汉成帝的皇后赵飞燕失宠后，招来一批健壮帅气的男子淫乱无度。时任光禄大夫的刘向实在是看不下去，但又不方便直接指出来，只好引经据典，搜罗那个时候有着兴国保家之美德的贤后贞妇的事迹，撰写了一册《列女传》，呈献给汉成帝作为讽劝和警示之用，竭力斥责孽嬖为国家乱亡之征兆，希望朝廷有所警悟。但汉成帝只是嗟叹至三，频频对刘向予以嘉勉，但就是不采取实际的措施。不过，刘向所撰写的《列女传》后却流传了下来。

　　《列女传》大约成书于公元前 20 年，共分为 7 卷：卷一为母仪传，卷二为贤明传，卷三为仁智传，卷四为贞顺传，卷五为节义传，卷六为辩通传,卷七为孽嬖传,除母仪传记有 14 人外,其余各传均记有 15 人,从上古至汉代共介绍了 104 名妇女的故事。7 卷实际上指的是 7 类,这 7 类主要以中国古代社会的伦理道德为标准,目的是兴教化。

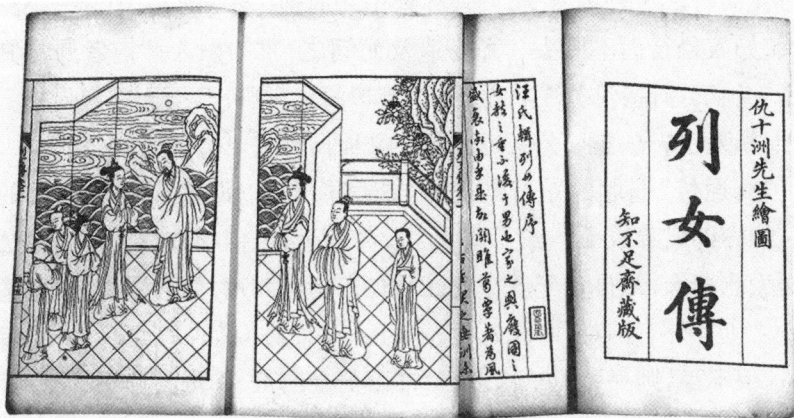

《列女传》书影

"贤明传"主要选取贤明廉正、动作有节、通晓事理、遵纪守法的女性。如周宣王后姜氏,贤而有德,非礼不言,非礼不动。周宣王曾沉湎于女色,早睡晚起,不理朝事。姜后即脱簪珥彩服,待罪永巷、痛责自身以谏宣王。宣王惭而从谏,乃早起晚退,勤于政事,成为有名的中兴之君。

"仁智传"选取的是聪明仁智、能预识难易、避危趋安的女性。如曹僖妻善于观人。晋公子重耳不得志时,曾到曹国,曹恭公不予礼待。曹僖妻则谓僖曰:不知其子者,视其父;不知其君者,视其所从。视晋公子的随从,皆有卿相之材,将来必有成就,应该礼待他们。曹僖即从而礼待之。后来公子重耳果然成霸业,成为著名的霸主晋文公。文公为报曹僖当年之恩,令兵士不许入其闾里,而士民百姓却扶老携幼,赴其闾门以避祸,门外成市。时人都夸赞曹僖之妻有远识。

"贞顺传"选取的是谨遵妇礼、忠贞不贰的女性。如蔡人之妻既嫁于蔡,而其夫有恶疾,其母欲改嫁之。该女认为夫之不幸即己之不幸。嫁人之道,一旦结婚,则终身不改。今夫不幸染上恶疾,正应细心照料,

以情相慰,怎么可以弃之而再嫁呢?遂不从。

"节义传"选取的是好善慕书、终不背义、为了节义而不避死亡的女性。如鲁义姑姊的故事。齐军攻鲁,于郊野之中见一妇人怀抱一儿,手牵一儿而行。见齐军将至,妇人弃怀中儿而抱手牵者向山中奔去。弃儿啼哭,妇人径行而不回头。齐将追及而问之,才知妇人怀抱者乃是其兄之子。她解释说:见齐军将至,力不能护两儿,则舍己子而反抱兄子。己之子,私爱也;兄之子,公义也。背公义而向私爱。齐人听之,而罢兵。

"辩通传"选取的是智慧聪颖、能言善辩,以讽喻而排忧解难的女性。如齐钟离春故事。齐无盐邑之女奇丑无比,但很有辩才。因年已四十而无能嫁人,乃自荐于齐宣王,谏曰:齐国有四殆:西有强秦之急,南有劲楚之仇。外有国难,内聚奸臣,不务众子而务众妇,如此,一旦山陵崩驰,社稷不稳,则一殆也。修渐台,饰以黄金白玉、珍珠翡翠,致使百姓疲惫,则二殆也。贤者医于山林,谄谀立于左右,邪伪立于本朝,谏者不得通入,则三殆也。饮酒沉湎,夜以继日,女乐俳优,纵横大笑。外不修诸侯之礼,内不秉国家之治,此四殆也。齐宣王闻之,愧而从之,拆渐台,罢女乐,退馅谀,去雕琢,选兵马,实府库,四辟公门,招进直言,延及侧陋,齐国由是大安。无盐女也因之被立为齐宣王正后。

"孽嬖传"选取的是淫妒荧惑、背节弃义、指是为非、终致祸败的女性。如殷纣之妃妲己,淫乱无度,唆使纣王造酒池肉林,夺男女裸体而相逐其间。又鼓动纣王剖比干之心,囚禁其子于狱,逼走微子,终使殷为周所灭。

"续传"也即第八卷,已非刘向所撰,而是后汉班昭所补,共收 20人,也以"母仪"、"贞顺"、"仁智"等区分之。

《列女传》是包含着浓厚的儒家思想,其中有些所赞扬的内容在现代人看来是对妇女的不公平待遇。该书对后世影响极大,有些故事口口相传流传至今,如"孟母三迁"即出自此书。

刘向最初写此书的原意是借上古红颜祸水如妲己、褒姒等秽乱宫廷种种恶行而讽喻和警示皇帝和整个朝廷的。虽然《列女传》也写了很多美德妇女，但都是为了衬托恶妇而作。后人多有仿制《列女传》的作品，但多数内容偏重于节烈的表彰。宋明以后变本加厉，添加很多新的内容，仅"母仪传"就记载了 30 余人，赞扬妇女美德大多数都把注意力放在贞烈上面。民间讽刺女子行为之不梗，常说"不读烈女传，不晓妇经"，把"列"解为"烈"，于是后人只知"烈女传"，而不知"列女传"，实为大谬。

"列女"的意思就是"诸女"之意，刘向当初是写诸多女子，有美德有恶行，主旨并不在贞节烈女，相反，倒是拿贞节烈女作为陪衬。后世特别是宋明理学盛行时期，大肆提倡贞节烈女，"饿死事小，失节事大"，改编刘向的《列女传》就大行其道，于是"列女"遂成为"烈女"。

兵家的又一奇书

——《六韬》

《六韬》又称《太公六韬》、《太公兵法》、《素书》，作者已不可考，现在一般认为此书成于战国时代。全书以太公(即姜子牙)与文王、武王对话的方式编成。此书在《汉书·艺文志》"诸子略兵家"类中不见著录，但在"道家"列"《太公》二百三十七篇"，其中《谋》八十一篇，《言》七十一篇，《兵》八十五篇；儒家类著录有《国史六》"即今之《六韬》也，盖言取天下及军旅之事。字与韬同也"。《隋书·经籍志》明确记载："《太公六韬》五卷，周文王师姜望撰。"但从南宋开始，《六韬》一直被疑为伪书，特别是清代，更被确定为伪书。然而，1972年4月，在山东临沂银雀山西汉古墓中，发现了大批竹简，其中就有《六韬》的50多枚，这就证明《六韬》至少在西汉时已广泛流传了，对它的怀疑与否定也不攻自破了。

《六韬》分别以文、武、龙、虎、豹、犬为标题，各为1卷，共61篇，近2万字。

第一卷"文韬"主要论述作战前如何充实国家的实力，在物质上和精神上作好战争准备。如对内先要富国强民，对人民进行教育训练，使之万众一心，同仇敌忾；对外要掌握敌方的情况，注意保守自己的秘密，这样才能立于不败之地，本卷共12篇。

第二卷"武韬"主要论述取得政权及对敌斗争的策略，强调在作战前必须先对敌我双方的情况了如指掌，进行比较，以己之长克敌之短，才能制胜。"武韬"共5篇。

第三卷"龙韬"主要论述军事指挥和兵力部署的艺术，指出在战争中要调动对方,选择将帅、严明纪律,然后确定如何发号令、通信息。还指出要注意天时地利、武器装备和物质供应等,这一卷共 13 篇。

第四卷"虎韬"主要论述在宽阔地区作战中的战术及其他应注意的问题,共 12 篇

第五卷"豹韬"主要论述在各种特殊的地形作战中的战术及其他应注意的问题,共 8 篇。

第六卷"犬韬"主要论述教练与编选士卒以及各种兵种如何配合作战,以发挥军队效能等问题,本卷共 10 篇。

《六韬》的内容十分广泛,涉及战争观、军队建设、战略战术等。《六韬》是宋代颁定的"武经七书"之一,是先秦兵书集大成之作,受到历代兵家的重视,曾被译成西夏文,在少数民族中流传。它不仅文武齐备,在政治和军事理论方面往往发前人所未发,而且保存了丰富的古代军事史料,如编制、兵器和通讯方式等。该书具有重要的理论价值和史料价值。

《六韬》是一部集先秦军事思想之大成的著作,对后代的军事思想有很大的影响,被誉为是兵家权谋类的始祖。司马迁《史记·齐太公世家》称:"后世之言兵及周之阴权。皆宗太公为本谋。"《六韬》在 16 世纪传入日本,18 世纪传入欧洲,现今已翻译成日、法、朝、越、英、俄等多种文字。

一部专论战略的兵书

——《三略》

《三略》原称《黄石公三略》，是中国古代的一部著名兵书，与《六韬》齐名，相传作者为汉初隐士黄石公。最早提及此书的是司马迁，他在《史记·留侯世家》中记载：张良刺杀秦始皇未成，遭追捕，被迫隐姓埋名，藏匿于下邳（今江苏邳县）。在这里他遇见一自称"谷城山下黄石即我"的老者，授其一部《太公兵法》，即《黄石公三略》，其后在史载中并未有此公。张良得书，潜心研究，后帮助刘邦取得天下，建立了西汉政权。但据考证，《黄石公三略》的成书当不早于西汉中期。它是后人在吸收先秦优秀军事思想的基础上，总结秦末汉初政治统治和治军用兵的经验，假托前人名义编纂而成，其中有许多独到之处。

《三略》是一部糅合了诸子各家的某些思想、侧重于从政治策略上阐明治国用兵的道理、专论战略的兵书。这与其他兵书不同。南宋晁公武称其："论用兵机之妙、严明之决，军可以死易生，国可以存易亡。"北宋神宗元丰年间被编入"武经七书"。

《三略》分上略、中略、下略3个部分，共3800余字，大量引用古代兵书《军谶》《军势》中的内容来表达自己的思想，这为后人保存了已佚失的兵书《军谶》《军势》的精华。

《三略·上略》共2100余字，占全书的一半以上，内容丰富，是全书的主要部分。其主要内容：强调民本、兵本思想，注重收揽人心、民心。这也是该书政略思想的核心。

作为大一统王朝建立之后的第一部兵书，《三略》继承了《孙子兵法》以来先秦兵学的优秀传统，又具有突出的时代特色。其兵学内涵十分丰富，军事思想十分深刻。概括起来讲，主要包括深刻的战争观念、系统的战争指导理论、全面的选将用将原则、精辟的治军思想这几大部分。

首先，是强调"不得已而用之"和"以义诛不义"的战争观念。自《孙子兵法》以来，中国兵学在战争问题上逐渐形成了重战、慎战而又强调义战的总体思想。而《三略》在继承前人思想理论的基础上，在有关战争的诸问题上，譬如对于战争的基本态度、对战争目的和性质的分析、战争与政治经济的关系、战争与民众的关系、战争与天时地利的关系、战争与主观指导等，都提出了简明扼要而又深刻的论断，形成了自己系统的战争观念。

在对待战争的基本态度问题上，正如前面所讲，《三略》深受道家和儒家的影响，形成了慎战与义战的战争观念。《三略》认为，战争具有很强的破坏性，会给社会政治秩序和民众生活带来巨大的灾难，因此对待战争的正确态度，是"不得已而用之"，而不能随意发动战争："王者，制人以道，降心服志，设矩备衰，四海会同，王职不废，虽有甲兵之备，而无斗战之患。""圣王之用兵，非乐之也"，即使是进行战争，也必须以"恬淡"处之，尽量将战争的破坏性减至最低，否则就是"失道"。

另一方面，《三略》又认识到战争毕竟是人类社会的客观存在，是不会因为人的好恶而自行消灭的，所以必须正视这一现实，在迫不得已的情况下，运用战争的手段"法天道，兴义师"，义战必胜的关键，指出主要是因为义战能够得到民众的支持，所以民心向背是决定战争胜负的关键因素。因此《三略》强调，要想取得战争的胜利，一定要修明政治，争取民心，为战争创造坚实的政治前提。

《三略》问世之后，受到社会的普遍重视。光武帝诏书中引用《三略》内容，东汉末年陈琳在《武军赋》中已经将《三略》与《孙子》、《吴子》、《六韬》相提并论。唐朝初年魏征将《三略》内容收入《群书治要》，作为帝王治国安邦的参考。宋代元丰年间，《三略》被列为"武经"之一，从此取得了兵学经典的地位。

　　《三略》不仅在国内受到推崇,在国外也产生了相当影响。唐朝时《三略》传入日本。日本的战国时代,《三略》与《六韬》一起被定为武校的主要教科书,并产生了林道春的《黄石公三略评判》、《三略讲义私考》,山冢义炬的《三略备考》,山鹿高祐的《三略要证》,喜多村政方的《三略便义》等等。同时,《三略》在朝鲜等国家也得到了广泛传播。所有这些,都证明了《三略》的不朽价值。

断代叙史的鼻祖

——《汉书》

　　《汉书》，又称《前汉书》是中国第一部纪传体断代史，由东汉时期的著名史学家班固所编撰，是中国古代史中的"二十四史"之一。它是继《史记》之后我国古代又一部重要名著，与《史记》、《后汉书》、《三国志》合称为"前四史"。《汉书》全书记载了上自西汉的汉高祖元年（公元前206年），下至王莽四年（23年），共230年的历史事件。《汉书》包括纪十二篇，表八篇，志十篇，传七十篇，共一百篇，共八十万字，后人将其划分为一百二十卷。

　　班固，字孟坚，扶风安陵人（今陕西咸阳），约出生于东汉光武帝建武八年（32年），卒于东汉和帝永元四年（92年），他是东汉历史学家班彪之子，班超之兄。班固自幼聪敏，"九岁能属文，诵诗赋"，成年后博览群书，"九流百家之言，无不穷究"。除《汉书》外，班固还著有《白虎通德论》六卷，《集》十七卷。

　　我们知道《史记》只记载到汉武帝的太初年间，因而当时有不少学者为其编写续篇。据《史通·正义》记载，为其续篇的人有刘向、刘歆、冯商、扬雄等十多人，书名仍称《史记》。当时的史学家班彪（3—54年），也就是班固的父亲对这些续篇感到很不满意，于是"采其旧事，旁贯异闻"为《史记》"作《后传》六十五篇"。班彪死后，年仅22岁的班固决心整理父亲的遗稿，继承父亲的事业，完成这部接续巨作。但没过几年时间，班固就被人告发"私作国史"而入狱，书稿也被全部查抄。后来全靠他的弟弟班超上书汉明帝说明了事情的原委才无罪开释。汉明帝

给了班家一些钱财作为补偿,资助他们继续写下去。在汉和帝永元元年(89年),班固随窦宪率兵伐匈奴,勒石燕然山的铭文就出自班固手笔。后因窦宪失势而受牵连入狱,死在狱中。此时,《汉书》的"八表"及"天文志"等章节均未完成,班固的妹班昭奉汉和帝之命,借助于东观藏书阁所存资料续写班固遗作《汉书》。班昭可以说是"二十四史"中绝无仅有的女作者,但遗憾的是未完便卒。后由班昭的门生续写。

《史记》最精彩的篇章是楚汉相争和西汉初期的人物传记,《汉书》的精华则在于对西汉盛世各类人物的生动记叙。《史记》所写的秦汉之际的杰出人物是在天下未定的形势下云蒸龙变,建功立业,此时涌现出一批草莽英雄,其中最引人注目的是战将和谋士;《汉书》所写的西汉盛世人物则不同,他们是在四海已定、天下一统的环境中成长起来的,其中固然不乏武将和谋士,但更多的是法律之士和经师儒生。

除《世家》外,《史记》的人物传记基本上都是以写单个人为主,很少全面叙述家族的兴衰史。在汉初的功臣传记中,只有《绛侯周勃世家》写了周勃、周亚夫父子的事迹,其他人的传记基本是止于其身。西汉盛世培育了一大批官僚世家,他们不是一代为官,而是几代人相承,长盛不衰。《汉书》记叙了许多世袭官僚家族的历史,如《霍光金日禅传》、《张汤传》、《杜周传》、《韦贤传》、《萧望之传》、《冯奉世传》、《翟方进传》等,传主都不是单独一个人,而是几代人。通过描述这些家族的兴衰史,《汉书》对西汉社会的变迁作了多方面的展示。

《汉书》与《史记》都属于纪传体史书。不同的是,《史记》上自"三皇五帝",下至汉武帝时代,是一部通史;而《汉书》却只记载了西汉王朝这段历史的断代史。这种纪传体的断代史书写模式,为班固所独创。后来历代的"正史"大都采用了这样的书写模式,这无疑是《汉书》对我国史学的巨大贡献。

挑战权威的楷模

——《论衡》

　　《论衡》一书为我国东汉时期王充所撰写,大约成书于汉景帝元和三年(86 年),我们现在看到的《论衡》有文章 85 篇,实际只有 84 篇,因其中《招致》一篇仅存目录,而无内容。《论衡》总共二十万余言,被誉为"疾虚妄古之实论,讥世俗汉之异书"。

　　王充(约 27—约 97),字仲任,会稽上虞(今浙江上虞)人,出身"细族孤门",他在很小的时候便成了孤儿,当地人都称赞他孝顺。他青年时到京城洛阳游学,曾到太学(即当时中央的最高学府)里求学,拜著名史学家班彪为师。王充喜欢博览群书,不死记章句,但因家贫无藏书,常到市肆(店铺)阅所(卖书的地方,相当于书店)

《论衡》书影

读书。王充曾任过一段时间的州、县官吏或幕僚。他对当时的社会风气非常不满,因而常常与那些权贵发生矛盾,然后离职而去。以至于后来终身"仕路隔绝",不得通显。他对司马迁、杨雄、桓谭等人十分推崇和敬重,继承和发展他们的叛逆精神。对董仲舒等人提出的"天人感应"

的神学目的论以及谶纬迷信的思想进行了针锋相对、不屈不挠的斗争。在这过程中,王充构建了一个反正统的思想体系,这一思想不管在那个时候,还是在后世都产生了深远的影响。

关于自己写书的思想,王充在《论衡·自纪篇》中说:因"疾(厌恶)俗情,作讥俗之书";"又闵(忧伤)人君之政……故作政务之书";"又伤(痛感)伪书俗文,多不实诚,故为论衡之书";在晚年则作"养性之书"。但后来只有《论衡》一书流传了下来。所谓论衡,意思是说他所论述的是辨别真伪的道理。在《论衡》一书中,王充针对神秘主义为特征的汉儒思想体系进行了全面的、毫不留情的批判,同时对他的朴素唯物主义思想作了系统的、具体的阐述了。

我们知道,在中国古代很长一段时间里,在思想领域里占据统治地位的是儒家思想,但到了东汉时代,为了统治的需要,儒家思想揉进了太多的神秘主义的理论。通过与谶纬学说的结合,儒学就成了"儒术"。而这一思想的集大成者就是由皇帝钦定的《白虎通义》。王充撰写《论衡》一书,针对的当然就是这种儒术和神秘主义的谶纬说。他的目的很明确,就是"冀悟迷惑之心,使知虚实之分"(《论衡·对作》)。正因为如此,《论衡》一书被扣上"诋訾孔子"、"厚辱其先"的帽子,《论衡》遭到当时以及后来的历代封建统治阶级的冷遇、攻击和禁锢就不足为怪了。

汉儒思想体系的核心就是董仲舒提出的"天人感应"说,以此为基础演绎出很多神秘主义的解释和看法。"天人感应"的主导思想就是说,人和世间万物都是由有意识、有意志"天帝"所创造的,与此同时,"天帝"还安排一个帝王来统治万民,而且对统治的"秩序"也给予各种规定。

《论衡》首先从宇宙观上否定了"天人感应"的"天",还世界的物质性面貌。该书认为天地万物(包括人在内)都是由"气"构成,"气"是一种统一的物质元素。"气"有"阴气"和"阳气",有"有形"和"无形",人、物的生都是"元气"的凝结,死灭则复归元气,这是个自然发生的过程。所以,人和五谷不是上天有意创造出来的,而是"气"的"自然之化"。

《论衡》中关于物种交合和生产的说法现在看来当然谈不上科学，至多只是一种直观的自然描述，但这种直观的观察和描述都是很真切的。而且，这种见解在当时是需要极大的勇气和理论胆识的。因为这等于是把高高在上的帝王赤裸裸地搬到了地上，是"非圣无法"。王充及其《论衡》书的伟大之处也在这里。

在《论衡》一书中，王充还对"天不变、道亦不变"的社会观和"一治一乱"的历史循环论思想进行了批判，因为这种思想等于是承认统治阶级对万民的统治是万古不变的。他认为社会治乱的原因是寓于其本身之中，而不在于"人君"的"德"，也不在其"道"。社会历史的客观发展是不依人的意志为转移的，因而从根本上否定了"天"和"人君"是历史发展的力量，否定了"德"和"道"及"天不变、道亦不变"。尽管这种思想因为完全忽视人在历史发展中的作用，有失偏颇，但在当时无疑是掷地有声的。

《论衡》一书尽管受到时代的局限，但它所产生的作用和影响在中国历史上甚为显著，即它正值于封建社会的统一和强大、儒家思想与谶纬神学相结合，成为统治阶级的正统思想的时期，它敢于宣布世界是由物质构成的，敢于对鬼神的存在提出质疑甚至否定，敢于向孔孟及儒家思想的权威挑战，并建构了一个比较完整的古代唯物主义体系，这在历史上产生了划时代的影响。它对今后的无神论者、唯物主义者，譬如魏晋时期的哲学家杨泉、南朝宋时的思想家何承天、南朝齐梁时的无神论者范缜、唐朝时期的刘禹锡和柳宗元以及明清之际的思想家王夫之等人，都产生了不同程度的影响。

通往古代文献的桥梁

——《说文解字》

《说文解字》，有时又简称《说文》，由我国东汉时期著名的经学家、文字学家许慎撰写，献给汉安帝的一本著作。该书约成书于汉和帝永元十二年（100年）到安帝建光元年（121年）。它是我国第一部按部首编排的字典。

许慎根据文字的形体创立了540个部首，这540部首分别囊括了9353字。后又将540部首按形体类别分为14大类。《说文解字》其正文就按照这14大类分为14卷，其中序目1卷，所以全书共有15卷。许慎在《说文解字》一书中比较系统地阐释了汉字的造字规律，称之为"六书"。

许慎，字叔重，出生于约公元58年，卒于约公元147年，东汉时期汝南召陵（现河南郾城县）人，素有"五经无双许叔重"之赞赏，为中国文字学的开拓者。关于《说文解字》的书名，许慎说："仓颉之初作书也，盖依类象形，故谓之文。其后形声相益，即谓之字。文者，物象之本；字者，言孳乳而浸多也。"这段话的大意是说，仓颉最初创造文字的时候，一般是按照万物的形状来临摹的，所以这种临摹出来的像图画的符号，我们叫做"文"。到后来，我们把早先按照万物的形状所临摹的符号（形状）与声音结合的符号我们便叫

《说文解字》书影

"字"。因而，"文"指的是描绘事物本来的形状，"字"的含义是在这个基础上的滋生、繁衍。

造字法上提出来的所谓六书指的是"象形"、"指事"、"会意""形声"、"转注"、"假借"。在《说文解字·叙》里对这"六书"的造字规律做了较为全面的、权威性的阐释。此后，"六书"就成为专门的学问。我们不能只单纯地认为"六书"就是造字法，前面四种即象形、指示、会意、形声是造字法，但转注和假借这两种指的是用字法。

历代有不少学者对《说文解字》研究，研究最为兴盛的时候是在清代。最为著名的有段玉裁的《说文解字注》、朱骏声的《说文通训定声》、桂馥的《说文解字义证》；王筠的《说文释例》、《说文句读》，这四人也因而被尊称为"说文四大家"。

《说文》面世以后，迅速地引起当时及此后很多学者的重视，他们在注解或阐释经典时常常引用《说文》作为佐证。譬如郑玄注《周礼》、《仪礼》、《礼记》，应劭、晋灼注《汉书》，都曾援引《说文》以证字义。到了南北朝时代，可以说学者们对《说文》已经有了比较完整、系统的认识了，到了唐代，《说文》被列为科举考试的参考书。唐代以后，《说文》成为一切有关字书、韵书及注释书中的字义训诂的依据。

《说文》当之无愧成为中国语言学史上第一部分析字形、说解字义、辨识声读的字典。与此同时，作为文献语言学奠基之作的《说文解字》，开创了具有汉民族风格的语言学，即文献语言学。《说文》对传统语言学的形成和发展影响深远，正如前面讲到的，此后有关文字、音韵、训诂大体都在《说文》所涉及的范围之内。《说文》完整而系统地保存了小篆和部分籀文，是我们认识更古老的文字如甲骨文和金文的桥梁；《说文》的训解也是我们现在注释古书、整理古籍的重要工具说和依据。《说文》也是我们探讨古代文化，研究古文必不可少的钥匙。所以《说文》的学术价值和应用价值在今天仍很明显。

包罗万象的奇书

——《博物志》

　　《博物志》由我国西晋时期张华所编撰，是我国第一部博物学著作，也可以说是一部志怪小说集。《博物志》共十卷，分类记载了山川地理、飞禽走兽、人物传记、神话古史、神仙方术等。它是继《山海经》之后，我国又一部包罗万象的奇书，填补了我国自古无博物类书籍的空白。

　　张华，字茂先，出生于约公元232年，卒于公元300年，范阳方城人（今河北省固安县），西晋文学家、政治家，西汉留侯张良十六世孙。他的父亲张平，曹魏时任渔阳太守。张华幼年丧父，家贫勤学，"学业优博，图纬方伎之书，莫不详览"。曹魏末期，因愤世嫉俗而作《鹪鹩赋》，通过对鸟禽的褒贬，抒发自己的政治观点。阮籍感叹说："王佐之才也！"张华由此声名始著，他博学多能，号称"博物洽闻，世无与比"。后在范阳太守鲜于嗣推荐下任太常博士，又迁佐著作郎、长史兼中书郎等职。西晋取代曹魏后，又迁黄门侍郎，封广武县侯。后官至司空，封壮武郡公。晋惠帝时爆发"八王之乱"，遭赵王司马伦杀害，死后家无余资。

　　《博物志》中记载了山川地理、飞禽走兽、人物传记、奇异的草木虫鱼以及奇特怪诞的神仙故事，包括神话、古史、博物等内容。其中关于"八月槎"的神话，充满了美妙的神思遐想。说有人八月乘浮槎（fú chá，指桥梁）至天河见牛郎、织女，展示了天上的星宫景象。"蜀南多山，猕猴盗妇人"的故事亦写得生动有趣，称猕猴以长绳引盗大道上漂亮的女子做妻子，产子还送女家食养，颇通人性。这是猿类故事的原型，后有唐传奇的《补江总白猿传》、《剪灯新话》和《申阳洞记》等承此衍传下来。

卷十中"千日酒"的故事很有韵味:刘玄石饮千日酒醉死,埋葬三年后始醒,因有"玄石饮酒,一醉千日"的佳话。

《博物志》所记山川地理深受《山海经》的影响。如前三卷所记多为山川物产,外国、异人、异俗、异产、异兽、异鸟、异虫、异鱼等,性质大略相当于《山海经》的缩写,内容部分采自古籍,又杂以新的传闻。其中既有五岳,又叙"海外各国",称五岳为"华、岱、恒、衡、嵩"。张华还精通方术,《博物志》除记有神人、神宫、神像、不死树外,还讲到了方士的活动,宣扬服食导引之法。据晋王嘉《拾遗记》称,张华"好观秘异图纬之书,捃采天下遗逸,自书契之始,考验神怪,及世间闾里所说",所以写成了这部广罗各种奇闻怪异的著作。宋代李石《续博物志》,明代游潜的《博物志补》均可视为张华的续书。该书虽没有被收入《道藏》,但历来被道教所重视,其中神仙资料常常为道教研究者所引用。

"前四史"的最后一部

——《三国志》

　　《三国志》是我国西晋时期陈寿撰写的一部主要记载魏、蜀、吴三国鼎立时期史实的纪传体国别史。该书详细记载了从魏文帝黄初元年（220）到晋武帝太康元年（280年）60年的历史，受到后人推崇。

　　《三国志》全书一共65卷，《魏书》30卷，《蜀书》15卷，《吴书》20卷。该书位列中国古代"二十四史"记载时间顺序第四位，与《史记》（司马迁）、《汉书》（班固）、《后汉书》（范晔、司马彪）并称前四史。

陈寿雕像

　　陈寿，字承祚，出生于公元233年，卒于公元297年，西晋巴西安汉（今四川南充北）人，西晋史学家。他少好学，有志于史学事业，对于《尚书》、《春秋》、《史记》、《汉书》等史书深入地进行过研究。从师于同郡学者谯周（蜀国天文学家）门下，在蜀汉时任观阁令史（即从事文献档案管理工作）。当时，宦官黄皓专权，大臣都曲意附从。陈寿因为不肯屈从黄皓，所以屡遭遣黜。入晋以后，历任著作郎、治书侍御史等职。280年，西晋灭东吴，结束了分裂局面。陈寿当时四十八岁，开始撰写《三国志》。陈寿写书的时代靠近三国，所以有利于他的资料和相关成果并不多，加上他是私人著述，没有条件获得大量的文献档案。阅读《三国志》时，就会发现陈寿有史料不足的困难，内容显得不够充实。除《三国志》外，陈寿还著有《益部耆旧传》、《古国志》等书，整理编辑过《诸葛亮集》，可惜这些书后来都失传了。

需要注意的是，陈寿毕竟是晋臣，晋是承魏而有天下的。所以，《三国志》便尊曹魏为正统。在《魏书》中为曹操写了本纪，而《蜀书》和《吴书》则只有传，没有纪。"纪"和"传"，是中国传统史书的一种体裁，以人物传记为中心叙述史实，"纪"是帝王本纪，"传"是其他人物的列传。《三国志》记刘备则为《先主传》，记孙权则称《吴主传》。这是编史书为政治服务的一个例子，也是《三国志》的一个特点。

《三国志》主要善于叙事，文笔也简洁，剪裁得当，当时就受到赞许。与陈寿同时的夏侯湛写作《魏书》，看到《三国志》，认为也没有另写新史的必要，就毁弃了自己本来的著作。后人更是推崇备至，认为在记载三国历史的一些史书中，独有陈寿的《三国志》可以同《史记》、《汉书》等相媲美。因此，其他各家的三国史相继在历史长河中消失了，只有《三国志》还一直流传到现在。南朝人刘勰在《文心雕龙·史传》篇中讲："魏代三雄，记传互出，《阳秋》、《魏略》之属，《江表》、《吴录》之类，或激抗难征，或疏阔寡要。唯陈寿《三国志》，文质辨洽，荀（勖）、张（华）比之（司马）迁、（班）固，非妄誉也。"这就是说，那些同类史书不是立论偏激、根据不足，就是文笔疏阔、不得要领，只有陈寿的作品达到了内容与文字表述的统一。

陈寿在书中表现出品评人物的兴趣。他说刘备是英雄；曹操是超世

之英杰;孙策、孙权是英杰;诸葛亮、周瑜、鲁肃是奇才;庞统,程昱、郭嘉、董昭是奇士;董和、刘巴是令士;和洽、常林是美士;徐邈、胡质是彦士;王粲、秦宓是才士;关羽、张飞、程普、黄盖是虎臣;陈震、董允、薛综是良臣;张辽、乐进是良将,反映了当时的时代风气。

《三国志》取材精审,作者对史实经过认真的考订、慎重的选择,对于不可靠的资料进行了严格的审核,不妄加评论和编写,慎重地选择取材之源。这虽然使《三国志》拥有了文辞简约的特点,但也造成了史料不足的缺点。

《三国志》是一部史学巨著,也是一部文学巨著。陈寿在尊重史实的基础上,以简练、优美的语言为我们绘制了一幅幅三国人物肖像图。人物塑造得非常生动,可读性极高。

确定道教神仙理论体系的典籍

——《抱朴子》

    《抱朴子》是由我国东晋学者葛洪撰写的一部道家理论著作,它在总结了战国以来所谓的那些神仙家理论的基础上,建构了一套道教神仙理论体系;同时又继承了魏伯阳炼丹(东汉炼丹理论家)理论,可谓是集魏晋炼丹术之大成。《抱朴子》是研究我国晋代以前道教史及思想史的宝贵材料。

    葛洪,字稚川,出生于约公元284年,卒于公元364年,丹阳句容(今属江苏)人。葛洪出身江南士族,他的祖辈在三国吴时,历任御史中丞、吏部尚书等要职,封寿县侯。在他十三岁时,其父去世,从此家道中落。他十六岁开始读《孝经》、《论语》、《诗》、《易》等儒家经典,尤喜"神仙导养之法"。后从郑隐(西晋方士)学炼丹秘术,颇受器重。咸和(326—334)初,司徒王导(东晋大臣)召他补州主簿,转司徒掾(副官),迁咨议参军;后干宝又荐他为散骑常侍,领大著作,葛洪皆固辞不就。南行至广州,为刺史邓岳所留,乃止于罗浮山(道教十大名山之一)炼丹。在山积年,优游闲养,著作不辍。

    《抱朴子》今存"内篇"20篇,主要论述了神仙、炼丹、符箓(指道教中的法术)等事,自称"属道家";"外篇"50篇则论述"时政得失,人事臧否",自称"属儒家"。"外篇"中诸如《钧世》、《尚博》、《辞义》、《文行》等篇是属于文学理论批评的内容。

    "内篇"主要讲述神仙方药、鬼怪变化、养生延年、禳灾却病,属于道家。其内容具体为:论述宇宙本体、论证神仙的确实存在、论述金丹和仙

药的制作方法及应用、讨论各种方术的学习应用、论述道经的各种书目、说明世人修炼的广泛性。

"外篇"则主要谈论社会上的各种事情，属于儒家的范畴，显示了作者先儒后道的思想发展轨迹。其内容具体为：论人间得失，讥刺世俗，讲治民之法；或评世事臧否，主张藏器待时，克己思君；或论谏君主任贤能，爱民节欲，独掌权柄；或论超俗出世，修身著书等。总之，《抱朴子》将玄学与道教神学，方术与金丹、丹鼎、符，儒学与仙学统统纳为一体之中，从而确立了道教神仙理论体系。

"外篇"里的文学思想深受王充和陆机的影响，并有所发展。他要求文章发挥社会作用，移风易俗，讽谏过失。认为"立言者贵于助教，而不以偶俗集誉为高"（《应嘲》）。他反对贵古贱今，认为今胜于古。他认为文学风气当随时推移，指出"古者事事醇素，今则莫不雕饰，时移世改，理自然也"（《钧世》）。葛洪提倡文学创作要雕文饰辞，并主张德行与文章并重。

葛洪提出了修仙必须积累善行，建立功德，慈善为怀。《抱朴子》中强调人不能单纯地从修炼方术入手，人生的抱负也不能仅仅是遁隐山林，要想真正修炼成仙还要建功立业、修身齐家治国平天下。他主张在现实社会生活中获得精神解脱和炼得肉体飞升，既做到立时济世，又得超凡入圣。

概而言之，一方面，《抱朴子》一书不仅全面总结了晋以前的神仙理论，并系统地总结了晋以前的神仙方术，包括守一、行气、导引和房中术等；同时又将神仙方术与儒家的纲常名教相结合，强调"欲求仙者，要当以忠孝和顺仁信为本。若德行不修，而但务方术，皆不得长生也"。并把这种纲常名教与道教的戒律融为一体，要求信徒严格遵守。主张神仙养生为内，儒术应世为外；也主张治理乱世应用重刑，提倡严刑峻法。匡时佐世，对儒、墨、名、法诸家兼收并蓄，尊君为天。它不满于魏、晋清谈，主张文章、德行并重，立言当有助于教化。另一方面，在《抱朴子》的《金丹》和《黄白》篇中，系统地总结了晋以前的炼丹成就，具体地介绍了一些炼丹方法,记载了大量的古代丹经和丹法,勾画了中国古代炼丹的历史梗概,为我们提供了原始实验化学的珍贵资料,对隋唐炼丹术的发展具有重大影响。

农业百科全书

——《齐民要术》

　　《齐民要术》是我国一部著名的农业科学著作,也是我国第一部农业百科全书,同时也是我国完整保存至今最早的一部古农书,约成书于公元 533 年至公元 544 年。也就是说,《齐民要术》是我国现存的一部时间最早、内容最系统、完整的农业著作。这部介绍农业技术和农业科学的著作,规模宏大,全书共分 10 卷 92 篇,11 万多字,其中正文约 7 万字,注释约 4 万字。此外,还附有《序》和《杂说》各 1 卷。它参考及引用的有关书籍 156 种,采集民间谚语及歌谣 30 多条,科学地总结了这一时期农业生产的经验。它与《氾胜之书》(西汉)、《农书》(元代)、《农政全书》(明代)合称为中国的"四大农书",由我国北魏时期著名的农业科学家贾思勰撰写。

　　贾思勰,北魏时期益都(今属山东)人。具体生卒年已不可考,大约出生于公元 386 年至公元 543 年期间。贾思勰生长在一个世代务农的家族,其祖上就很喜欢读书、学习,尤其重视农业生产技术知识的学习和研究,这对贾思勰的一生有很大影响。他的家境虽然不是很富裕,但却拥有大量藏书,使他从小就有机会博览群书,从中汲取各方面的知识,为他以后编撰《齐民要术》打下了基础。成年以后,他开始走上仕途,曾经做过高阳郡(今山东临淄)太守等官职,并因此到过山东、河北、河南等许多地方。每到一地,他都非常重视农业生产,认真考察和研究当地的农业生产技术,向一些具有丰富经验的老农请教,获得了不少农业方面的生产知识。中年以后,他又回到自己的故乡,开始经营农牧业,亲自参加农业生产劳动和放牧活动,对农业生产有了亲身体验,掌握了多种农业生产技术。大约在北魏永熙二年(533年)到东魏武定二年(554年)期间;他将自己积累的许多古书上的农业技术资料、询问老农获得的丰富经验以及他自己的亲身实践,加以分析、整理、总结,写成农业科学技术巨著《齐民要术》。

《齐民要术》的问世并不是偶然的,而是有一定的时代背景和客观条件基础的。北魏之前,我国北方长期处于分裂割据之中,一百多年以后,鲜卑族的拓跋氏建立了北魏政权并逐步统一了北方地区,社会秩序由此逐渐稳定,社会经济也随之从屡遭破坏的萧条景象中逐渐恢复过来,得到发展。北魏孝文帝在社会经济方面实施的一系列改革,更是刺激了农业生产的发展,促进了社会经济的进步。尽管如此,当时的农业生产还是没有达到很高的水平,有待于得到进一步的发展。贾思勰认为农业科技水平的高低关系到国家是否富强,于是他便萌生了撰写农书的想法。统治者的励精图治,农业生产的蒸蒸日上,也为贾思勰撰写农书提供了便利的条件。

《齐民要术》一书,内容非常丰富全面。书中前五卷记述了粮食、油料、纤维、染料作物、蔬菜、果树、桑树等的栽培技术,第六卷专门介绍禽畜和鱼类养殖,第七卷到第九卷介绍了农副产品加工、储藏,包括酿造、腌制、果品加工、烹饪、饼饵、饮浆、制糖乃至煮胶和制笔、墨等的知识,对于当时及后世农业和生物科学的发展,均具有重大影响。

《齐民要术》在国际上也受到了高度的重视,对其他国家的农业研究产生了影响。20世纪50年代,日本的西山武一、熊代幸雄校释将《齐民要术》翻译为日文出版。日本将其看作是一门专门的学问,称之为"贾学",并专门成立了《齐民要术》研究会。欧洲学者也翻译出版了《齐民要术》的英文本和德文本。《齐民要术》不仅是我国最古老的农业百科全书,而且也是世界上最早的农业科学巨著之一,它是人类共同的宝贵财富。

一部综合性地理巨著

——《水经注》

　　《水经注》是北魏时期郦道元所著，是中国第一部以记载河道水系为主的综合性地理著作，也是一部杰出的散文作品。

　　《水经注》是在《水经》（记述水系的专著，原文仅 1 万多字，记载相当简略，缺乏系统性）基础上扩充成书的。郦道元以《水经》为纲，作了 20 倍于原书的补充和发展，实际上已另成专著。全书共 40 卷，约 30 万字，所记水道 1389 条。逐一说明各水的源头、支派、流向、经过、汇合及河道概况，对每一流域内的水文、地形、气候、土壤、植物、矿藏、特产、农业、水利以及山陵、城邑、名胜古迹、地理沿革、历史故事、神话传说、风俗习惯等，都有具体的记述。"因水以证地，即地以存古"，繁征博引，详加考求，态度严谨，引用书籍多达 437 种。其中以叙述北方水系最为精详。郦道元通过亲身调查研究，对前人讹误多所修正。南方个别水流，因当时南北政权对峙，情况不熟，不免有某些疏误。

　　《水经注》以注《水经》而得名。郦道元在他自己的序文中有所叙述：首先，古代地理书籍，《山海经》过于荒杂，《尚书·禹贡》、《周礼·职方》只具轮廓，《汉书·地理志》记述又不详备，而一些都、赋限于体裁不能畅所记述。《水经》一书虽专述河流，具系统纲领，但未记水道以外地理情况。他在游历大好河山时所见所闻十分丰富，为了把这些丰富的地理知识传于后人，所以他选定《水经》一书为纲来描述中国地理情况。其次，他认识到地理现象是在经常变化的，上古情况已很渺茫，其后部族迁徙、城市兴衰、河道变迁、名称交互更替等等都十分复杂，所以他决定以水道为纲，进而描述经常变化中的地理情况。而更重要的是，他当时身处政局分裂时代，他向往祖国统一，着眼于《尚书·禹贡》所描写过的历史上曾经出现过的版图广大的祖国。他利用属于中国的自然河流水系来作纲，可以把当时人为的政治疆界的限制打破，从而充分体现他希望祖国统一的信念。

《水经注》书影

　　郦道元在写《水经注》时，突破了《水经》只记河流的局限。他以河流为纲，详细地记述了河流流经区域的地理情况，包括山脉、土地、物产、城市的位置和沿革、村落的兴衰、水利工程、历史遗迹等古今情况，并且具有明确的地理方位和距离的观念。像这样写作严谨、内容丰富的地理著作，在当时的中国，乃至世界上都是无与伦比的。

　　从《水经注》中可以看到，郦道元以其饱满的笔触，展现了一千四五百年前中国的地理面貌，人们读后可以对各地的地理状态及其历史变迁有较清晰的了解。例如从关于北京地区的描述中，可以知道当时北京城的城址、近郊的历史遗迹、河流以及湖泊的分布等，还可以了解到北京地区人们早期进行的一些大规模改变自然环境的活动，像拦河堰的修筑、天然河流的导引和人工渠道的开凿等。这是现在所能得到的关于北京地区最早的地理资料，也是研究北京地区历史地理变迁的一个重要依据。地理情况是随着自然条件的变化和人类活动的加强而不断发生变化的，要真正了解和深刻认识今天的地理情况，单靠对现在的地理状态的研究是不够的，还必须深入了解地理情况的变化过程及其原因，以认识和掌握它的发展规律，为今天的建设事业服务。从这个意义上说，

《水经注》在今天仍然具有生命力,是不可多得的珍贵的历史地理文献。

在《水经注》中,郦道元所记述的内容包括了中国各地的地理情况,还记述了一些国外的地理情况,其涉及地域东北至朝鲜的坝水(今大同江),南到扶南(今越南和柬埔寨),西南到印度新头河(今印度河),西至安息(今伊朗)、西海(今咸海),北到流沙(今蒙古沙漠)。可以说,《水经注》是北魏以前中国及其周围地区的地理学总结。

古代文学理论集大成

——《文心雕龙》

　　《文心雕龙》是由南朝刘勰所撰写的古代文学理论著作,大约成书于南朝齐和帝中兴元、二年(501—502)间。可以说它是中国文学理论批评史上第一部有严密体系的,即"体大而虑周"(章学诚《文史通义·诗话篇》)的文学理论专著。在魏晋时期,中国古代的文学理论有了很大的发展。到了南北朝,此局面逐渐形成繁荣起来。有关文学创作以及文学理论批评在其历史发展中所积累起来的丰富经验,既为刘勰撰写《文心雕龙》准备了条件,同时这些思想也在《文心雕龙》中得到了反映。

　　刘勰,字彦和,出生于约公元465年,卒于公元520年,南朝梁人,今山东莒县东莞镇人,曾官至县令、步兵校尉、宫中通事舍人,颇有清名。据《梁书·刘勰传》记载,刘勰早年家境贫寒,笃志好学,终生未娶。曾寄居江苏镇江,在钟山的南定林寺里,跟随僧佑研读佛经及儒家经典,32岁时开始写《文心雕龙》,历时五年才完成此书。

　　《文心雕龙》共10卷,50篇,37000多字。全书原分为上部和下部两个部分,每部分各25篇。这两部分又包括了四个重要方面。第一个方面,从《原道》至《辨骚》这5篇为上部,它是全书的纲领,而其核心思想主要是《原道》、《征圣》、《宗经》这3篇,

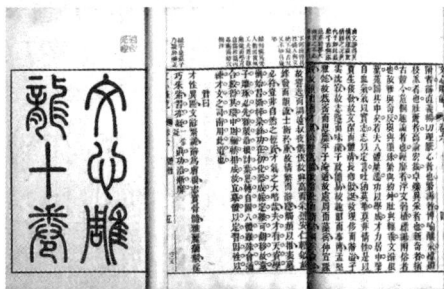

《文心雕龙》书影

其宗旨就是"一切要本之于道,稽诸于圣,宗之于经"。第二个方面,从《明诗》到《书记》这20篇,是以"论文序笔"为中心,对各种文体源流以及作家及其作品进行了逐一的研究和评价。像《明诗》、《乐府》、《诠赋》等篇章是属于以有韵文为对象的"论文"部分;而像《史传》、《诸子》、《论说》等篇章是属于以无韵文为对象的"序笔"部分。第三个方面,从《神思》到《物色》这20篇(《时序》不计在内)为下部,这些篇章是以"剖情析采"为中心,重点研究的是有关创作过程中各所涉及的问题,也可以说是创作论。第四个方面,主要讲述的是文学史论和批评鉴赏论,这方面集中在《时序》、《才略》、《知音》、《程器》等4篇文章中。下部的这两个方面,也是全书最主要的精华和核心所在。以上四个方面共49篇,加上最后叙述作者写作此书的动机、态度、原则的一篇,所以全书共50篇。

刘勰"博通经纶"、"长于佛理",熟谙印度因明之学,深受魏晋玄学影响,对前人的理论作出了严密系统的总结。齐梁时代,"文"的范围宽泛,包括有韵之"文"和无韵之"笔"。但刘勰着重研究诗赋等文学作品的创作和鉴赏规律。全书起始从哲学上探讨诗文起源问题,认为"日月叠璧,以垂丽天之象;山川焕绮,以铺理地之形。此盖道之文也"。而天地之间,人"为五行之秀,实天地之心","心生而言立,言立而文明,自然之道也",又说"夫以无识之物,郁然而彩,有心之器,其无文欤?"把诗文的起源提到了自然之道的哲学高度,视为"与天地并生"的合规律的必然现象,反映了魏晋时期文学创作地位提高的倾向。

儒家中庸原则自始至终贯穿于《文心雕龙》全书。刘勰提出的主要的美学范畴都是成对的,矛盾的双方虽有一方为主导,但他强调两面,而不偏执一端。刘勰特别强调同儒家思想相联系的阳刚之美,表现出企图对齐、梁柔靡文风进行矫正的倾向。他关于"风骨"的论述集中地体现了这一点,对后世产生了重要影响。

关于文学批评,《文心雕龙》一书中有很多精到的见解。其中《知音》篇是中国文学理论批评史上探讨批评问题较早的专篇文献。它提出了批评的态度问题、批评家的主观修养问题、批评应该注意的方面等。有些论述虽然带有经学家的气息，但不少论述都是较精辟的。但作为一个批评家，刘勰有时也是缺乏应有的识力和判断的，例如他对杰出作家陶渊明，竟一语未及。

关于文学史观，《文心雕龙》一书中认为文学的发展变化，终归要受到时代及社会政治生活的影响。同时，刘勰也很重视文学本身的发展规律。在《通变》篇中，他根据扬雄关于"因"、"革"的见解所提出的"通变"，即文学创作上的继承和革新的关系。他要求作家要大胆的创新，只有不断的创新，文学创作才会得到不断的发展。但它又强调任何"变"或创新都离不开"通"，即继承。所谓"通"，是指文学的常规："名理有常，体必资于故实。"文学创作只有通晓各种"故实"，才会"通则不乏"，"洞晓情变，曲昭文体，然后能孚甲新意，雕画奇辞"。因此，只有将"通"与"变"、"因"与"革"很好地结合和统一起来，文学创作才有可能"骋无穷之路，饮不竭之源"(《通变》)，获得长足的健康的发展。

关于各种文章体裁、源流的阐述，也是《文心雕龙》的重要内容。自曹丕、陆机相继对文章体制的同异提出了各自的观点后，晋代挚虞的《文章流别论》、李充的《翰林论》，都对这一问题进行了进一步的探讨，但这些著作都已亡佚。刘勰的《文心雕龙》从第5篇《辨骚》起，到第25篇《书记》止，就成为中国现存的南朝时代关于文章体制和源流的唯一重要的著作，也是关于这一问题的重要的历史文献。其中不乏细致，中肯以至精辟的见解。例如在《明诗》篇中，它对自建安时代起到刘宋初年诗歌发展过程的论述，就是如此。

《文心雕龙》虽然有不可避免的历史局限性，特别是"宗经"、"征圣"等儒家思想对于他的文学理论有不少消极影响。但是，这并不妨碍它成为中国文学理论批评史上一部名副其实的"体大而虑周"、"笼罩群言"、富有卓识的专著。《文心雕龙》是中国文学理论批评史上的一份十分宝贵的遗产，受到了世界上许多国家的理论工作者越来越多的注意和重视。

早期的品诗宝典

——《诗品》

　　《诗品》由我国南朝齐梁时代著名学者钟嵘所撰写,可以说它是继刘勰《文心雕龙》以后出现的又一部非常重要的品评诗歌的文学批评名著。这两部著作相继出现在齐梁时代不是偶然的,因为它们都是在反对齐梁形式主义文风的斗争中的产物。

　　钟嵘,字仲伟,颍川长社(今河南长葛)人,生卒年不详,约生活于公元486年至518年间,他在齐梁时代曾作过参军、记室等小官。他的《诗品》是约成书于梁武帝天监十二年(513年)以后,在今天的南京写成的。钟嵘所处的时代,诗风的衰落已经相当严重。据《诗品序》描写,当时士族社会已经形成一种以写诗为时髦的风气,甚至那些"才能胜衣,甫就小学"的士族子弟也都在忙着写诗,因而造成了"庸音杂体,人各为容"的诗坛混乱情况。王公显贵之士谈论诗歌,更是"随其嗜欲,商榷不同。淄渑并泛,朱紫相夺。喧议并起,准的无依"。所以钟嵘就仿汉代"九品论人,七略裁士"的著作先例写成这部品评诗人的著作,想借此纠正当时诗坛的混乱局面。

　　《诗品》所论的范围主要是五言诗。全书共品评了两汉至梁代的诗人122人,计有上品11人,中品39人,下品72人。在《诗品序》里,他谈到自己对诗的一般看法:"故诗有三义焉,一曰兴,二曰比,三曰赋。文已尽而意有馀,兴也;因物喻志,比也;直书其事,寓言写物,赋也。宏斯三义,酌而用之,干之以风力,润之以丹采,使味之者无极,闻之者动心,是诗之至也。若专用比兴,患在意深,意深则词踬。若但用赋体,患在意浮,意浮则文散,嬉成流移,文无止泊,有芜漫之累矣。"从这一段话来看,他对诗的看法一是强调赋和比兴的相、济为用,二是强调内在的风力与外在的丹采应同等重视。这和刘勰的看法大体接近,仅仅在对比兴的解释和重视程度上略有不同。

钟嵘在其《诗品》里还坚决反对用典。他在序里说:"若乃经国文符,应资博古;撰德驳奏,宜穷往烈。至乎吟咏情性,亦何贵于用事?"并举出许多诗歌的名句说明"古今胜语,多非补假,皆由直寻"。他尖锐地斥责了宋末诗坛受颜延年、谢庄影响而形成的"文章殆同书抄"的风气。刘勰并不一般地反对用典,在《事类篇》中他只是主张创作应该以"才为盟主,学为辅佐",典故要用得准确扼要。不过钟嵘是论诗,刘勰是兼论文笔,包括钟嵘所说的"经国文符"、"撰德驳奏"各种文体,因此很难说刘钟两人在用典上看法有很大的出入。

钟嵘在该书里也坚决反对沈约等人"四声八病"(四声:平、上、去、入;八病:平头、上尾、蜂腰、鹤膝、大韵、小韵、旁钮、正钮,为诗歌中的声律上的毛病)的主张。他说:"余谓文制,本须讽读。不可蹇碍。但令清浊通流,口吻调利,斯为足矣。至平上去入,余病未能;蜂腰鹤膝,闾里已具。"沈约等提出的"四声八病"的诗律,人为的限制过于严格,连他们自己也无法遵守,钟嵘批评他们"襞积细微,专相陵架。故使文多拘忌,伤其真美"。这是完全正确的。但是,钟嵘看到这种过分拘忌声病的害处就笼统地反对讲四声、讲格律,就未免有点"因噎废食"了。刘勰在《声律篇》里是积极主张文章要讲究声律的,并且对应用声律的一些基本原则和难易的关键作了扼要的分析。

钟嵘论诗有一个重大特色,这就是他善于概括诗人独特的艺术风格。他概括诗歌风格主要是从以下几方面着眼:一是论赋比兴,例如:阮籍的诗"言在耳目之内,情寄八荒之表";说左思诗"得讽谕之致";说张华诗"兴托不奇",都是着眼于比兴寄托的。二是论风骨和词采,例如说曹植诗"骨气奇高,词采华茂";说刘桢诗"真骨凌霜,高风跨俗,但气过其文,雕润恨少";说张协诗"雄于潘岳,靡于太冲","词采葱倩,音韵铿

锵";都是风骨和词采相提并论。三是重视诗味,在序里他已经说五言诗"是众作之有滋味者也",又说诗应该使人"味之者无极,闻之者动心",反对东晋玄言诗的"淡乎寡味"。论诗人的时候,他又说张协诗"使人味之亹亹不倦";应璩诗"华靡可味"。四是注意摘引和称道诗中佳句,在序里他曾经摘引"思君如流水"、"高台多悲风"等名句,称为"胜语";论谢灵运诗,称其"名章迥句,处处间起";论谢朓诗,称其"奇章秀句,往往警遒";论曹操诗也说他"甚有悲凉之句",都是注意奇警秀拔的诗句的例子。除以上四点以外,他还善于运用形容比喻的词语来描绘诗歌的风格特征,例如评范云、丘迟诗说:"范诗清便宛转,如流风回雪;丘诗点缀映媚,如落花依草。"用语非常新鲜贴切。

钟嵘在其《诗品》里论述了一定的历史观念。他的序里对五言诗的产生和发展也有概括的论述,这也可以说是他心目中的诗史的提纲,不过他着重叙述各代诗人的阵容,与刘勰《明诗篇》着重论述各代诗歌的共同风貌及时代背景有所不同。钟嵘论每个诗人风格,总是指出其"源出"某人,虽然有认流为源的原则错误,但前人的影响也不容否认。在这方面,他提出了一些很值得注意的论点。例如他认为陆机、谢灵运"其源出于陈思",颜延年"其源出于陆机";认为左思诗出于刘桢,陶潜诗"又协左思风力"等等,不仅抓住了这些诗人在风格上继承前人的某些比较重要的特点,而且也在一定程度上启示了我们划分诗歌流派的线索。但是,诗人在风格上继承前代作家,关系是比较错综复杂的。这一点钟嵘却常常把这个问题简单化。

钟嵘在其《诗品》里一方面是反对某些形式主义的现象,另一方面也受到南朝形式主义潮流的影响。他品评诗人,往往把词采放在第一位,很少涉及他们作品的思想成就。所以,他就把"才高词赡,举体华美"的陆机称为"太康之英",放在左思之上;把"才高词盛,富艳难踪"的谢灵运称为"元嘉之雄",放在陶潜、鲍照之上。在划分等级的时候,甚至把开建安诗风的曹操列为下品,把陶潜、鲍照列为中品。这些地方,显然和他序中所说的风力与丹采并重的观点并不符合。他摘句论诗的批评方式;虽然反映了当时创作上"争价一句之奇"的倾向,也开了后代摘句批评的不良风气。

钟嵘《诗品》是第一部论诗的著作,对后代诗歌的批评有很大的影响。唐司空图,宋严羽、敖陶孙,明胡应麟,清王士祯、袁枚、洪亮吉等人论诗都在观点上、方法上或词句形式上受到他不同程度的启发和影响。

中国名著甲乙丙

梵钟远去的回响

——《洛阳伽蓝记》

《洛阳伽蓝记》,又称《伽蓝记》由我国北魏时期著名学者杨炫之撰写,该书是一部集历史、地理、佛教、文学于一身的名著,清代的《四库全书》将其列入地理类,成书于东魏孝静帝(524—552)时。该书分为城内、城东、城西、城南、城北五卷记载了北魏洛阳城的佛寺,详细具体地记载了这些寺院的缘起变迁、庙宇的建制规模及与之有关的名人轶事、奇谈异闻等等。该书与郦道元《水经注》一起,历来被认为是北朝文学的双璧。

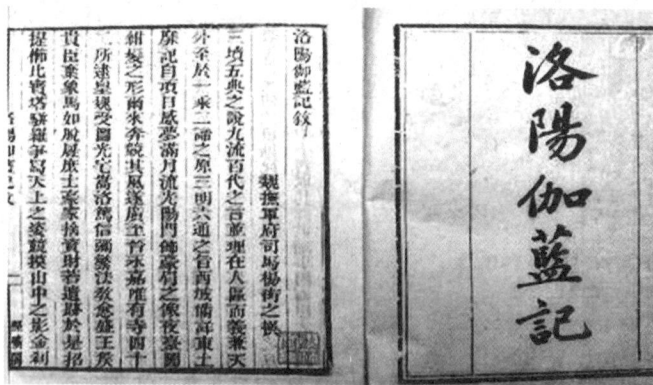

《洛阳伽蓝记》书影

杨炫之,生卒年不详,元魏北平(今河北满城)人。《史通》(唐代刘知几)以及晁公武(北宋学者)的读书志(指的是《群斋读书志》)中误作"羊炫之"。杨炫之曾任抚军府司马、秘书监、期城郡太守等职,博学能文,精通佛教经典。在公元547年,杨炫之途经北魏时期旧都洛阳。当时正值永熙年间(532—534)兵乱之后,他目睹了由贵族王公耗费巨资所建之佛寺已多成废墟,深有所感,乃著《洛阳伽蓝记》一书。所谓"伽蓝",指的就是寺庙。该书记录洛阳及城郊诸大寺之建寺缘起及建筑结构、北魏时洛阳佛寺园林兴衰梗概,并且还记载了当地人物、风俗、地理及传闻掌故。

需要注意的是,杨炫之在《洛阳伽蓝记》中流露出来的是浓烈的北魏旧臣的意识,因而故都伽蓝不仅是北魏佛教隆盛的象征,而且是北魏国运的象征。经历了巨大历史变故的作者在"重览洛阳"之际,立志要让消逝了的梵钟之声在文字中遗响后世,字里行间难以抑制地流露出恍若隔世的悲怀,这构成了全书的情感主旋律。以对胡太后营建的最为壮观的永宁寺为例,作者一方面流露出对最高统治者"营建过度"的不满,一方面借西域僧人对永宁寺塔的赞美,流露出对北魏全盛时的国力与中原文化的自豪之情。该书归纳起来有以下几个方面的特点:

首先,该书首先是一部记载城市佛教寺院的书。从城邑志看,此前已有齐梁间(420年左右)记长安的《三辅黄图》,其后南宋迭有专记北宋京城汴梁(今开封)的《东京梦华录》,还有专记南宋京城临安(今杭州)的《梦粱录》等等。但从专以京城佛寺建筑为撰写对象来说,《洛阳伽蓝记》在我国古籍中是独一无二的,该书虽然是以记洛阳寺庙为题,但广泛涉及地理、政治、人物、风俗等各个领域。范祥雍(当代史学家)说它"钝扬佛宇,而因及人文"。这是很中肯的概括。作者取材除第五卷惠生、宋云西行部分按辑于前人撰述外,其余的是作者亲见亲闻之洛阳佛寺的景色及其有关掌故,写得真实、亲切、传神。

其次,《洛阳伽蓝记》和《水经注》、《齐民要术》北魏的三大传世名著。除《齐民要术》属农书外,前两书都是以山川名胜为纲而旁及人文的地理撰述。其不同点是:《水经注》着重写自然河山的壮丽,《伽蓝记》则集小记建筑的宏伟精致,揭示了劳动人民的智慧和创造。

再次,该书分为城内、城东、城南、城西、城北5卷来记述,结构甚为

严密,各卷又以某城门为起点。对各寺的四邻巷里、官署名胜的记载,颇为清晰确切,按照所记内容和细节足可以绘制一幅相当精确的中世纪古都洛阳市区图。其精确可考是同类古籍中罕见的。

最后,行文简明清丽,形象生动,颇具特色。《四库全书总目》卷七十说它"其文秾丽秀逸,烦而不厌,可与郦道元《水经注》肩随"。这是言之不过的。

概而言之,《洛阳伽蓝记》作于北魏灭亡、东西魏分裂(534年)之后,杨炫之借佛寺盛衰,反映国家兴亡,其中既寄托了故国哀思,又寓含着治乱训鉴。至于缀拾旧闻掌故,详述京城地理,正《魏书》之曲笔,补史志之阙失,于历史地理研究亦占重要地位。《四库全书总目提要》谓"其文秾丽秀逸,烦而不厌",繁简得宜,文笔优美,从文学艺术的角度来看也是上乘之作。

与此同时,《洛阳伽蓝记》按照城内、城东、南、西、北的次序,以四十多所名寺院为纲,兼顾所在里巷、方位以至名胜古迹,同时叙述相关事迹。从书中可以了解孝文帝迁洛阳到"尔朱氏之乱"(即河阴之变,北魏权臣尔朱荣策划并实施的一起针对皇族和百官公卿的屠杀事件)四十年间洛阳的故事和台省坊市的分布,甚至于外商来洛阳居住和各国的风土人情、道里远近书中都有所涉猎,内容包括了政治、经济、社会、文学、艺术、思想、宗教等方面,史料价值极高。其中,第五卷收录的宋云《家纪》,慧生《行记》《道荣传》,详细记载了宋云去天竺的情况,成为现今研究中印交通史的珍贵史料。

开后世"家训"之先河

——《颜氏家训》

　　《颜氏家训》是我国南北朝时北齐文学家颜之推的传世之作,是我国历史上第一部内容丰富、体系宏大的家训,同时也是一部学术著作。该书主要阐述立身治家的方法,其内容涉及许多领域,强调教育体系应以儒学为核心,尤其注重对孩子的早期教育,并对儒学、文学、佛学、历史、文字、民俗、社会、伦理等方面提出了自己独到的见解。该书内容切实,语言流畅,具有一种独特的朴实风格,对后世的影响颇为深远。

　　颜之推,字介,出生于公元531年,卒于公元591年,原籍琅邪临沂(今山东省临沂市)人,世居建康(今南京市),生于士族官僚家庭,世传《周官》、《左氏春秋》。他早传家业,12岁时听讲老庄之学,因"虚谈非其所好,还习《礼》、《传》",生活上"好饮酒,多任纵,不修边幅"。他博览群书,为文辞情并茂,得梁湘东王赏识,19岁就被任命为国左常侍。后投奔北齐,历20年,官至黄门侍郎。公元577年,北齐为北周所灭,他被征为御史上士。公元581年,隋朝代北周,他又于隋文帝开皇年间,被召为学士,不久以疾终。依他自叙,"予一生而三化,备荼(nié,疲惫之意)苦而蓼(liǎo)辛"。叹息"三为亡国之人"。传世著作有《颜氏家训》和《还冤志》等。

　　颜之推一生,历仕四朝,"三为亡国之人",饱尝离乱之苦,深怀忐忑之虑。曾写了一篇《观我生赋》,对于自己身经亡国丧家的变故,以及"予一生而三化"的无可奈何情状,作了痛哭流涕的陈述,且悔恨道:"向使潜于草茅之下,甘为畎亩之民,无读书而学剑,莫抵掌以膏身,委明珠

而乐贱,辞白璧以安贫,尧舜不能辞其素朴,桀纣无以污其清尘,此穷何由而至？兹辱安所自臻?"悲愤之情,溢于言表。

正由于颜之推"生于乱世,长于戎马,流离播越,闻见已多",入隋以后,便本着"务先王之道,绍家业之业"的宗旨,结合自己的人生经历、处世哲学,写成《颜氏家训》一书训诫子孙。全书二十篇,各篇内容涉及的范围相当广泛,但主要是以传统儒家思想教育子弟,讲如何修身、治家、处世、为学等,其中不少见解至今仍有借鉴意义。如他提倡学习,反对不学无术,认为学习应以读书为主,又要注意工农商贾等方面的知识;主张"学贵能行",反对空谈高论,不务实际等。他鄙视和讽刺南朝士族的腐化无能,认为那些贵族子弟大多没有学术,只会讲求衣履服饰,一旦遭了乱离,除转死沟壑,别无他路可走。对于北朝士族的腆颜媚敌,他也深致不满。且往往通过插叙自身见闻,寥寥数语,便将当时社会的人情世态,特别是士族社会的诌媚风气,写得淋漓尽致。如《教子》篇云:"齐朝有一士大夫,尝谓吾曰:'我有一儿,年已十七,颇晓书疏,教其鲜卑语及弹琵琶,稍欲通解,以此伏事公卿,无不宠爱,亦要事也。'吾时俯而不答。异哉,此人之教子也！若由此业自致卿相,亦不愿汝曹为之。"语言朴实而生动,一时士大夫的心态跃然纸上。

《颜氏家训》一书不仅对当时诸如"玄风之复扇、佛教之流行、鲜卑之传播、俗文字之盛兴"等多方面作了较为翔实的纪录,为后人保留了一些很有价值的历史文献,还在它的《文章》篇中,通过论述南北朝时的作家作品,反映了当时的文学观点和作者自己的文学主张。颜之推很重视文学。他批评扬雄视文学为雕虫小技的说法,并从个人立身修养的角度说明文学(包括学问、口辩、作文等文化修养)的重要性。对于文学的功用,颜之推并没有狭隘地仅仅把它归结为服务于政治教化和实用,他肯定文学具有愉悦耳目、陶冶性灵的审美功能,同时也在自己的写作实践中表现出了较强的文学审美能力。他的文章内容真实,文笔平易近人,具有一种独特的朴质风格,对后世的影响颇为深远。

《颜氏家训》成书于隋文帝灭陈国以后,隋炀帝即位之前(约6世纪末)。《颜氏家训》自成书以来,在我国漫长的封建社会里,一直被作为家教范本,广为流布,经久不衰。究其原由,主要是书中内容基本适应了封建社会中儒士们教育子孙立身、处世的需要,提出了一些切实可行的教育方法和主张,以及培养人才力主"治国有方、营家有道"之实用型新观念等,继承和发展了儒家以"明人伦"为宗旨的"诚意、正心、修身、齐家、治国、平天下"的传统教育思想。正由于此,历代统治者对《颜氏家训》非常推崇,甚至认为"古今家训,以此为祖",以致大肆宣传,广为征引,反复刊刻,虽历经千余年而不佚。

《颜氏家训》对后世有重要影响,特别是宋代以后,影响更大。宋代朱熹之《小学》,清代陈宏谋之《养正遗规》,都曾取材于《颜氏家训》。不唯朱、陈二人,唐代以后出现的数十种家训,莫不直接或间接地受到《颜氏家训》的影响。

从总体上看,《颜氏家训》是一部有着丰富文化内蕴的作品,它不仅在家庭伦理、道德修养方面对我们今天有着重要的借鉴作用,而且对研究古文献学,研究南北朝历史、文化有着很高的学术价值。同时,作者在特殊政治氛围(乱世)中所表现出的明哲思辨,对后人也有着宝贵的认识价值。

药王临床经验之结晶

——《千金要方》

《千金要方》又名《备急千金要方》、《新雕孙真人千金方》、《真本千金方》，简称《千金方》，全书三十卷（《四库全书》、《道藏》析为九十三卷，内容相同）。唐代孙思邈撰，约成书于永徽三年（公元652年）。作者认为"人命至重，有贵千金，一方济之，德逾于此"，故以"千金"为书名。

《千金要方》共30卷，分为232门，方论5300首，卷一为总论，主要论述医生应具备的道德品质、知识结构和文化素质；并阐述了诊断、治疗、处方、用药以及制药服药和药物贮藏的基本原则和具体要求。卷二至卷四为妇人方，包括求子、妊娠、分娩、难产、产后各病及妇科各病等，其中有药方540余首。卷五（上、下）为少小婴孺，从新生儿养护到儿科常见病的防治，列方320余首。卷六为七窍病，包括眼、鼻、口、舌、唇、齿、喉、耳等疾患，还有面部疾患用药和美容方。卷七到卷二十一为内科疾患，先述风毒脚气，次为诸风（主要论述脑系病及中风）、伤

孙思邈画像

寒;其后按脏腑分类分别论述诸脏腑生理病理和有关疾患;再后为消渴、淋闭、尿血、水肿。这些卷提供各类处方 2000 余首。卷二十二、二十三为外科和皮肤科病,卷二十四为解毒及杂治,包括瘿瘤及若干肛门和阴部疾患。卷二十五备急(急救医学),卷二十六食治,卷二十七养性,卷二十八平脉,卷二十九、三十针灸,内容丰富。

《千金要方》三十卷资料翔实,部类周全。凡岐黄之要,行医之道;脏腑之论,证治之辨;针灸之穴,用药之方;伤寒之学,中风之状;痈疽之症,杂病之治;妇孺之疾,七窍之病;诊脉之诀,备急之法;食治之宜,养性之术;五石之毒,禁咒之秘;诸患之源,本草之性,集众家之旨,成一家之言,被人们誉为我国第一部医学百科全书。尤其《千金要方》中《大医精诚》之篇章,乃千古之绝唱,医德之典范。始妇孺而后杂病,是对男尊女卑之批判,开男女平等风气之先。孙氏宅心仁厚,医德应化圣贤;针药精湛,医术比似和扁。故被后世尊为"药王",永祀神庙;奉为"真人",刻碑纪念。《千金要方》妙法,广为流传。

《千金要方》成书于公元 7 世纪,距今已近 1400 年。千余年来,传抄刊刻,延绵不断。据不完全统计,《千金要方》刻版 30 余次,且东渡扶桑,传播海外。其价值之高,影响之大,可见一斑。

史学理论的滥觞

——《史通》

　　《史通》由我国唐朝时著名的史学家刘知几撰写,可以说它是中国乃至世界首部系统性的史学理论专著。该书主要论述了史书体例与编撰方法,以及史籍源流与前人修史之得失。虽然该书涵盖的内容、范围颇为广泛,但大体上可以概括为史学理论和史学批评两大类。所谓史学理论指的是对有关史学体例、编纂方法以及史官制度的论述;而史学批评则包括评论史事、研讨史籍得失、考订史事正误异同等方面。《史通》编著时间始于唐武后长安二年(702 年),至唐中宗景龙四年(710 年)成书,历时 9 年。《史通》共 20 卷,包括内篇和外篇两部分,各为 10 卷,它们都是以专题论文的形式写成的。内篇有 39 篇,外篇有 13 篇,合计 52 篇。其中,属内篇的《体统》、《纰缪》、《弛张》等 3 篇,大约在北宋时已亡佚,今存仅有 49 篇。另有《序录》1 篇,为全书的序文。

　　我们知道,我国史论源远流长。早在先秦时期,曾出现"百家争鸣"的局面。先秦诸子借评论史事,论证本学派政治观点的正确性,形成我国早期史论的一种形式。在先秦史籍中,又出现《左传》中"君子曰"的这种形式的史论,为后世史家所沿用。自秦汉以来,出现了如《史记》的"太史公曰"、《汉书》的"赞"、《汉纪》(东汉荀悦撰写)的"论"、《东观汉记》(汉班固等人撰写)的"序"、《三国志》的"评",以及后史的"史臣曰"(如《资治通鉴》的"臣光曰")。除此之外,还有一种"序论",于史篇之前,加入史家说明著作宗旨、体例源流、评论人物史事的文字,如《史记》、《汉书》等都有这类"序论"的文字。

随着史学的不断发展，史学批评也随之发展起来，出现一种以论述史籍得失、评论史学体例、研究撰史方法为主要内容的新的史论形式。这种新的史论发端于秦汉而完成于唐代。到了唐代，刘知几继承前人的批判精神，将这种史学形式发展成"总括万殊，包吞千有"的史论著作，写出我国第一部系统性的史论专著《史通》。《史通》兼有史学理论和史学批评两方面内容，是集唐以前史论之大成的宏伟巨著。

刘知几，字子玄，出生于约公元661年，卒于公元721年，彭城（今江苏徐州）人。家系唐代名门，父（刘藏器）、兄（刘知柔）都是唐高宗和唐玄宗时的官僚，并以词章知名于世。刘知几因家学渊源，自幼博览群书，攻读史学，后又致力文学。他20岁时中进士，任获嘉（今河南获嘉县）主簿。武则天圣历二年（699年），刘知几奉调长安，任王府仓曹，并参与编纂《三教珠英》的工作。不久任著作佐郎兼修国史，又迁为左史，先后参与撰修起居注及唐史。唐中宗景龙二年（708年），迁为秘书少监，又掌修史之事。当时，由于权贵控制史馆，史官无著述自由，凡事皆需仰承监修旨意，刘知几颇不得志，只好"退而私撰《史通》以见其志"（《史通·自叙》）。并以一家独创之学，对于史馆垄断史学表示抗议。景龙四年（710年），《史通》撰成。

此后，刘知几名声大扬，迁官太子左庶子，兼崇文馆学士，加银青光禄大夫。唐玄宗时，又迁为散骑常侍。他的官职屡迁，但却一直兼任史职，先后参与《姓族系录》、《则天实录》、《中宗实录》、《睿宗实录》、《玄宗实录》等撰修。

《史通》内篇之开卷，即以《六家》、《二体》两篇对我国古代史学的源流进行了总结。首先，它将古代史学分叙六家，即尚书家、春秋家、左传家、国语家、史记家、汉书家；总归二体，即纪传体和编年体。然后，对六家、二体的优点和缺点，进行评述。同时，在《史官建置》、《辨职》、《忤时》诸篇中，刘知几论述了历代史官建置的沿革，史官的职责，以及唐代官修史书的弊端。

历史编纂学的内容是《史通》的主要部分，包括编纂体例、编纂方

法、史料搜集等方面。在编纂体例方面,《史通》论述纪传史和编年史的体例,而以论述纪传体为主。《本纪》、《世家》、《列传》、《表历》、《书志》、《论赞》、《序传》、《序例》诸篇,以具体史籍为例,对纪传史各组成部分的特点、功用都详细论述。

在编纂方法方面,《史通》牵涉范围广泛,包括叙事、言语、题目、模拟、断限、书法、人物、编次、称谓、烦省等十多种问题,均属于撰史方法和写作技巧的内容,有的至今仍有参考价值。例如,刘氏以为"国史之美者,以叙事为工,而叙事之工者,以简要为主",指出叙事是撰史的重要手法,而叙事最避忌繁芜之失。因此,刘知几主张叙事要"用晦",以为用晦"省字约文,事溢于句外",可以达到"一言而巨细咸该,片语而洪纤靡漏"的目的(《史通·叙事》)。所以,《史通》既总结前史在叙事方面的好经验,又批评各史存在的冗句烦词、雕饰辞藻的毛病,尤其反对骈文入史的做法。

在历史文献学方面,《史通》将唐代以前的历史文献分为"正史"和"杂史"两大类。所谓"正史",是指先秦经、传,唐以前的纪传史和编年史,以及唐代官修诸史;而"杂史"则分为偏记、小录、逸事、琐言、郡书、家史、别传、杂记、地理书、都邑簿等十种。他在《古今正史》中,先叙述唐以前正史的源流,从《尚书》至唐修诸史,逐一介绍各史的作者、成书经过、体例卷帙、后人注补的内容。然后,在《疑古》、《惑经》、《申左》、《杂说》诸篇中,对唐以前的历史文献进行全面而具体的评述,并指出其矛盾、疏略之处。如《疑古》一篇,就条列 10 疑,对《尚书》等提出了批评;而《惑经》对《春秋》的批评,竟达 12 条之多。

总之,《史通》对我国古代史学作出了全面的总结,提出了较为系统的史学理论,成为唐代以前我国史论的集大成。刘知几的思想及其历史观,有几点是值得重视的。例如:他反对"历史的宿命论",以为历史上任何朝代的兴亡,人物的成败,都不是天命,而是人事。他在《杂说》等文中有所论述。他也反对以成败论英雄之正统历史观,在《称谓》、《编次》中论述了这个问题,他甚至不主张"内中国而外夷狄"的大汉族主义的历史观。

当然，刘知几受时代和阶级的局限，《史通》中有维护封建名教、诬蔑农民起义等论述，这说明刘氏也没有超出封建史家的立场和观点。

《史通》是刘知几的私人著述，是他对史学进行深入思考研究之后的理论结晶。《史通》在中国历史乃至世界历史上，第一次以较为系统的理论专著形式，对唐代以前中国史学发展的理论成就进行了全面系统的反思与总结，意义重大。《史通》是刘知几留给我们的一份珍贵史学遗产，一部《史通》也足以使刘知几成为不朽的历史人物。

中国唯一被尊为经的佛典

——《坛经》

　　《坛经》又名《六祖法宝坛经》，是中国佛教禅宗创始者、禅宗六祖惠能（一作慧能）的传法记录。因为是在法坛上宣讲的经教，故称坛经，是中国唯一被尊为经的佛典。

　　该书记载惠能一生得法传宗的事迹和启导门徒的言教，内容丰富，文字通俗，是研究禅宗思想渊源的重要依据。由于历代辗转传抄，因而版本较多，体例互异，内容详略不同。其他版本的《六祖坛经》据流通较广的金陵刻经处本，其品目为自序、般若、决疑、定慧、妙行、忏悔、机缘、顿渐、护法、付嘱等十品。

　　《坛经》其中心思想是"见性成佛"，即所谓"唯传见性法，出世破邪宗"。性，指众生本具之成佛可能性。即"菩提自性，本来清净，但用此心，直了成佛"及"人虽有南北，佛性本无南北"。这一思想与《涅槃经》"一切众生悉有佛性"之说一脉相承。

　　《坛经》指导禅者修行实践的核心方法是"无念为宗，无相为体，无住为本"。无念即"于诸境上心不染"，就是不论遇到什么境界都不起心动念；无相为体，即"于相而离相"，这里的"相"可解释为世间万物，我们以把握诸法的体性，知一切相皆是虚妄；无住为本，即"于诸法上念念不住"，无所系缚，所谓"住"，本指事物形成后持续而来的相对稳定的状态。佛教认为，万法无常，一切事物皆在生灭变化之中不停流转，世界上没有常住不变的东西，事物也没有独立自性，因此肯定或否定的看法都是错误的，是为住。因而在修行的次第上，一般的说法认为惠能大师主张顿悟，其实是误解。惠能大师认为"不悟，即佛是众生，一念悟时，众生是佛"，"万法尽在自心中，顿见真如本性"，是指佛与众生的差异只在迷悟之间，但同时强调："法即无顿渐，迷悟有迟疾"；"迷闻经累劫，悟在刹那间"，指出"法即一种，见有迟疾"，"法无顿渐，人有利钝"，意思是说佛法本来没有顿悟、渐悟之分。只是人的悟性不同，所以对佛法的迷悟的程度有快慢分别。但愚人如果还迷惑在顿渐分别之中，就不可能了知佛法的本质了，不能明心见性，客观地分析了顿悟与渐悟的关系。

《坛经》是中国佛学儒学化的代表作，它的最大特点是把佛性心性化、人性化。将印度佛教的真知、佛性、法性、如来等原本具有抽象本体性质的真心转变为众生当下鲜活的现实人心，建立了一个以当前现实人心为基础的心性本体论体系。因而《坛经》的心性论思想表明了慧能禅宗强调本自清静的自心圆满具足，其最终落实点是在自我的心性上，《坛经》中的心性问题直接导引了宋明理学的开端，启发了宋明儒学心性本体论的建构，促使儒家学说在宋明时期的自我转化和自我突破，使得中国传统哲学出现一次重大转折。可以说，《坛经》代表了中国佛教一种特殊的本质所在，也表现了中国文化，或者说中国民族性中一份独特的生命智慧。

达摩至慧能六代祖师图（局部）

统治方略的楷模

——《贞观政要》

　　《贞观政要》是由我国唐朝著名学者吴兢撰写的一部政论性的史书,共10卷40篇,8万余言,主要以记言为主,所记基本上是贞观年间唐太宗李世民与臣下魏征、王珪、房玄龄、杜如晦等人关于施政问题的对话以及一些大臣的谏议和劝谏奏疏,对一些重大的政治、经济措施也有相关记载。《贞观政要》现存最早刻本是明洪武三年(1370年)王氏勤有堂刻本。元代儒臣戈直集各古本,加以校释,是为戈本,流传至今。

　　吴兢,唐汴州浚仪(今河南开封)人,出生于唐高宗总章三年(670年),卒于唐玄宗天宝八年(749年)。吴兢年轻时就立志从事史学事业,武则天时,经友人推荐,开始担任史官。吴兢具有忠于历史的赤诚。当时武三思领导修撰国史,他们以朋党为界限,记事不实。吴兢愤而私撰《唐书》、《唐春秋》,意欲为后人留下信史。唐中宗时,他任右补阙,与刘知几等人共修《则天实录》。书成后,转任起居郎,又迁水部郎中。开元初,自请继续修史,得准与刘知几撰《睿宗实录》,并重修《则天实录》。他任史职30余年,编纂唐国史65卷。唐玄宗开元十七年(729年)以后他调离史职,先后任荆州司马,台、洪、饶、蕲四州刺史,相州长史、邺郡太守、恒王师傅等职。70岁以后,他有感于南北朝史繁杂,撰写梁、齐、周史各10卷,陈史5卷,隋史20卷。他的一生是为史学事业勤奋劳作的一生,他的高尚风范成为后世史家学习的榜样。

　　《贞观政要》写作于开元、天宝之际。当时的社会仍呈现着兴旺的景象,但社会危机已露端倪,政治上颇为敏感的吴兢已感受到衰颓的趋势。为了保证唐皇朝的长治久安,他深感有必要总结唐太宗君臣相得、励精图治的成功经验,为当时的帝王树立起施政的楷模。《贞观政要》正是基于这样一个政治目的而写成的。

《贞观政要》虽记载史实,但不按时间顺序组织全书,而是从总结唐太宗治国施政经验,告诫当今皇上的意图出发,将君臣问答、奏疏、方略等材料,按照为君之道、任贤纳谏、君臣鉴戒、教戒太子、道德伦理、正身修德、崇尚儒术、固本宽刑、征伐安边、善始慎终等一系列专题内容归类排列,使这部著作既有史实,又有很强的政论色彩;既是唐太宗"贞观之治"的历史记录,又蕴含着丰富的治国安民的政治观点和成功的施政经验。这部书是对中国史学史上古老记言体裁加以改造更新而创作出来的,是一部独具特色,对人富有启发的历史著作。

书中所记述的封建政治问题是全面而详备的。吴兢把君主作为封建政权的关键,他在开卷的第一篇《君道》中,首先探讨了为君之道。他列举唐太宗的言论说明:要想当好君主,必先安定百姓;要想安定天下,必须先正自身。把安民与修身当作为君的两个要素,对于君主的个人修养,他以唐太宗为例,说明清心寡欲和虚心纳谏是相当重要的。

在书中,吴兢还重点记述了人才使用问题。书中介绍了唐太宗知人善任、任人唯贤的事迹。知贤用贤一直是古代政治家非常重视的问题,唐太宗君臣相得的实践,为此提供了一个成功的佐证。《贞观政要》对此的记述,则把这一问题的讨论引向了深入。

吴兢在书中还对太宗朝的大政方针进行了归纳和概述,其中做得成功的有偃武修文、崇尚儒学、加强礼治、执法宽弛、休养生息、安定民众,采取怀柔政策,安抚周边少数民族等等。农业是安定民心、治理国家的根本,这是历代有识统治者的共识,但真正能抓住这一环节不放,取得实际效果的,却不多见。唐太宗也非常重视农业生产。他说:"凡事皆须务本。国以人为本,人以衣食为本,凡营衣食,以不失时为本。夫不失时者,在人君简静乃可致耳,若兵戈屡动,土木不息,而欲不夺农时,其可得乎?"(《贞观政要·务农》)这个说法比之前代政论家的言论,应该说没

有太多新意。但作为一个执政者,有了这个认识,又能把它贯彻到自己的政策方针中去,其作用就难以估量了。唐太宗在兵戈扰攘之后,把自己的简静无为,推广为对天下民众实行轻徭薄赋、休养生息的政策,很快收到了良好的效果。贞观后期天下丰足,可以上比汉初的文景盛况。对此,历代统治者都心往神追,可通过努力把它变为现实,却是相当大的难题。《贞观政要》对此的记述,很有理论指导意义。

唐太宗是一位非常精明的政治家,对于如何保持长治久安,使李家天下稳如磐石他是非常关心的。他对于皇位继承人的选择、教育,颇费了一番苦心。虽然他的一番努力最后归于失败:他的皇太子李承乾因骄奢淫逸被废,另一位太子李治庸懦无能,没能很好继承他的事业。但他虑及身后,严教子弟的作法,显示出他的政治远见。对于封建帝王来说,他的做法值得学习。吴兢特立《太子诸王定分》、《教戒太子诸王》等篇,对此进行记述,说明他也认为这是关系国家安危的重大问题。

《贞观政要》也反映了吴兢思想中的一些消极东西。如书中第五卷罗列了关于封建伦理道德的一些说教,第六卷中列举了许多关于修身养性的议论。这固然是希望统治者能够正身修德,作出表率,但也表明吴兢对封建伦理的重视和虔诚。

总之,《贞观政要》一书的价值,除了在于它所反映的唐太宗"贞观之治"在中国历史上具有非常重要的地位,为研究唐初历史提供许多宝贵的资料以外,还在于它在史料学方面的重要价值。书中保存了较多的重要史实,比它晚出的《旧唐书》、《新唐书》、《资治通鉴》等书所记贞观年间史实,有些方面也不如它详尽。

开创了史书的新体例

——《通典》

《通典》由我国唐代杜佑所撰,共 200 卷,内分 9 门,子目 1500 余条,约 190 万字,是记述唐天宝以前历代经济、政治、礼法、兵刑等典章制度的专书。该书是中国历史上第一部体例完备的记录典章制度的通史,开创了史书的新体例。《通典》出版之后,一直为历代学者视为不朽的名著。此后宋郑樵撰为《通志》,元马端临撰《文献通考》,连同《通典》合称"三通"。清乾隆时加入官修的《续通典》、《续通志》、《续文献通考》以及《清通典》、《清通志》、《清文献通考》合称"九通",后又加上 1935 年编撰的《清续文献通考》,总称为"十通"。

在唐开元末年,刘知几之子刘秩仿周礼六官所职,根据经史百家文献资料,撰《政典》三十五卷。杜佑以该书为基础,增益资料,扩充规模,撰成《通典》,于贞元十七年(801 年)进呈。《通典》规制宏大,上自《史记》八书、《汉书》十志,下至晋、宋、齐、魏、隋书诸志,皆有所取资,还参照了《隋官序录》、《隋朝仪礼》、《大唐仪礼》、《开元礼》、《太宗政要》、《唐六典》等典制政书。《通典》确立了中国史籍中与纪传体、编年体并列的典制体,开辟了史学著述的新途径。在《通典》影响下,《通志》、《文献通考》等书相继问世,为研究中国历代典章制度提供了很大的方便。

杜佑,字君卿,出生于公元 735 年,卒于公元 812 年,唐中叶宰相,史学家,京兆万年(今陕西西安附近)人。生于世宦之家,他的父亲杜希望,官至鄯州都督、陇右节度留后。佑以门资入仕,历任江淮青苗使、容管经略使、水陆转运使、度支郎中兼和籴使等,又以户部侍郎判度支。后

出为岭南、淮南节度使。在淮南期间,开雷陂以广灌溉,辟海滨荒地为良田,积米至50万斛。杜佑身经"安史之乱",他"以富国安人之术为己任",在唐代宗大历初年(766年)开始撰写《通典》,至唐德宗贞元十七年(801年)上表进书《通典》的写作才算完成。除《通典》外,杜佑还有《理道要诀》十卷、《管子指路》二卷等著作。

杜佑编撰《通典》的目的,是要揭举先代"政治之大方",为唐朝统治者提供"龟镜"。按照"经邦济世,治国安民"的原则,他认为治理国家,经济条件是最重要的,所以列食货典(十二卷)为九门之首,下面依次为选举典(六卷)、职官典(二十二卷)、礼典(一百卷)、乐典(七卷)、兵典(十五卷)、刑典(八卷)、州郡典(十四卷)、边防典(十六卷)。《通典》与旧有的史志不同,它不列天文、律历、五行、释老等,又将原地理志的内容改编为州郡典,把原属地理志的人口内容收入食货典,单开"历代盛衰户口"子目,另增边防典。并在食货典中增加"轻重"子目。这些安排都体现了《通典》"经邦济世"的原则。

《通典》一书中大量引用了古代文献资料。其中许多文献今已亡佚,全靠《通典》这些文献才得以部分保存。如《全上古三代秦汉三国六朝文》中,就有近九百条材料是从《通典》中辑出的,所以该书对中国古代史的研究具有较高的史料价值。书中有关唐代的内容约占四分之一以上,多取自当时的官方文书、籍账、大事记以及私人著述,诸如诏诰文书、臣僚奏议、行政法规、天宝计账等,均属等一手材料,是研究唐史的基本史料。但有的部分取材不当,顾此失彼,间有遗漏,有的轻重失检。如兵典只注意到兵法、计谋和战例,忽视了兵制等有关内容;边防典偏重介绍边疆民族和域外王国情况,忽略防务制度措施等。

《通典》确立了中国史籍中与纪传体、编年体并列的典制体,开辟了史学著述的新途径。在《通典》影响下,《通志》、《文献通考》等书相继问世,为研究中国历代典章制度提供了很大的方便。《通典》在历史编纂学史上占有重要地位。它是典章制度专史的开创之作。杜佑以前的典章制度史,基本集中于纪传体史书中的书志部分。在史实容量和撰述体例上都有诸多的限制,无力承担完整记述社会政治经济制度发展变化历史的任务,落后于社会的客观需要。《通典》把这一体裁独立出来,为这一体裁的成熟、发展,开辟了广阔的天地。从此以后典制史成为传统史学的一个重要门类,出现了一系列典章制度史的专书,丰富了传统史学的表现能力,也促进了史学服务于社会这一优良传统的发展。

中国第一部词总集

——《花间集》

《花间集》是由我国五代十国时期后蜀赵崇祚所撰写的一部词集，是我国文学史上的第一部词集。该书分为 10 卷，集中搜录晚唐至五代 18 位词人的作品，共 500 首。这 18 位词人除温庭筠、皇甫松、和凝三位与蜀无涉外，其余 15 位皆活跃于五代十国的后蜀。《花间集》集中而典型地反映了我国早期词史上文人词创作的主体取向、审美情趣、体貌风格和艺术成就。

关于赵崇祚的生平我们知之甚少，据《四库总目》的零星记载可知，赵崇祚，字弘基，在孟昶（919—965，后蜀末代皇帝）时期曾担任过卫尉少卿的小官（掌管仪仗之类的官）。《花间集》一书的作者大体上都是蜀人（或在蜀任官，或在蜀生活），词风近似，故史称"花间词派"，作者亦被称为"花间词人"。

赵崇祚于五代时后蜀广政三年（941 年）编集《花间集》。《花间集》中的作品的年代大概从唐开成元年（836 年）至后蜀广政三年，时间跨度在一个世纪左右。其中所收作品较多的是温庭筠 66 首，孙光宪 61 首，

《花间集》书影

顾夐55首，韦庄47首，最少的是鹿虔扆和尹鹗的作品，各6首。赵崇祚自己一首也没有，序者欧阳炯只有17首。这也可见选者赵崇祚的态度客观，毫无私心。

《花间集》得名于其作品内容大多是描绘上层贵妇美人日常生活和装饰容貌，女人素以花比，写女人之媚的词集故称"花间"。《花间集》中的词作都是文人贵族为歌台舞榭享乐生活需要而写。绮筵公子、绣幌佳人眉眼传情，当筵唱歌，辞藻极尽软媚香艳之能事。《花间集》内容上虽不无缺点，然而在词史上却是一块里程碑，它标志着词体已正式登上文坛，要分香于诗国了。

毫无疑问，《花间集》主题基调是描写男女之间的恋情，此类作品占绝大多数，呈现出婉约绵缠、妩丽香艳的主要风格特征。由于作者处于乱世的晚唐五代，而其中又有几首关于男女性爱生活的鄙俗描写，因而该书也受到不少的批评。

《花间集》介于中国文学发展史上唐诗、宋词两大峰巅期的中间，对宋词的繁荣及以后词的发展有着重大影响，文学艺术上的价值、作用、贡献和地位是不可忽视和否认的。就内容来讲，除了恋情外，还有史事古迹、风物人情、边塞旧事、山水花鸟等。

《花间集》咏史怀古词中，有些是咏写故事传说。其中，又以吴越西施题材为多。作者描吴越美景，写西施美貌，从而抒发历史兴替、物是人非之叹。这些词作中，晚唐侍郎薛绍蕴的《浣溪沙》其七尤为出色。"倾国倾城恨有余，几多红泪泣姑苏，倚风凝睇雪肌肤。吴主山河空落日，越王宫殿半平芜，藕花菱蔓满重湖。"他咏的是美女西施卷入帝王争霸的历史故事，叹的是晚唐动乱衰败的末世现实。

总之，《花间集》集中而典型地反映了我国早期词史上文人词创作的主体取向、审美情趣、体貌风格和艺术成就，真实地体现了早期词由民间状态向文人创作转换、发展过程的全貌。花间词规范了"词"的文学体裁和美学特征，最终确立了"词"的文学地位，并对宋、元、明、清词人的创作产生了深远影响。

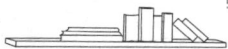

最早的姓氏书

——《百家姓》

提起中国姓氏，人们最熟悉的自然是《百家姓》。因为它与《三字经》、《幼学琼林》、《千字文》等都被旧时列入孩童的启蒙读物。《百家姓》是一本关于中文姓氏的书，成书于宋朝初。原收集姓氏411个，后增补到504个，其中单姓444个，复姓60个。在中华民族大家庭中，姓氏又何止504个，仅汉族姓也不止这个数。据说，见之于文献的姓氏，可达5600之多。这其中不仅有单姓、复姓，还有三字姓、四字姓和五字姓。此外，还有的民族有名无姓，比如傣族。百家姓的排名只是名义上的，虽然有字面上的这么多姓，因为某些姓氏虽然在字面上不同，实际上部分姓是从某姓派生出来的。

随着社会向前发展，姓氏不断变化、增多。据中国科学院遗传研究所两位学者的统计，已发现的中国人姓氏（包括少数民族和元、清时代蒙、满两族译改的姓氏）多达11939个，其中单字姓5313个，双字姓4311个，三字姓1615个，四字姓571个，五字姓96个，六字姓22个，七字姓7个，八字姓3个，九字姓1个。汉族人现在使用的姓氏约3600个，平均每个姓30万人。全国最大的五个姓是李、王、张、刘、陈，人口之和达三亿五千多万。李、王、张三大姓分别占汉族人口的7.9%、7.4%、7.1%。

《百家姓》的次序不是各姓氏人口实际排列，是因为读来顺口，易学好记。《百家姓》与《三字经》、《千字文》并称"三百千"，是中国古代幼儿的启蒙读物。"赵钱孙李"成为《百家姓》前四姓是因为百家姓形成于宋朝的吴越钱塘地区，故而宋朝皇帝的赵氏、吴越国国王钱氏、吴越国王钱俶正妃孙氏以及南唐国王李氏成为百家姓前四位。

姓氏的起源可以追溯到人类原始社会的母系氏族制度时期，所以中国的许多最早的姓氏都是女字旁或底，如姚姓。姓是作为区分氏族的特定标志符号，如部落的名称或部落首领的名字。传说黄帝住姬水之滨，以姬为姓；炎帝居姜水之旁，以姜为姓；皇天以大禹治水有功，赐姓为姒。此外，部落首领之子亦可得姓。黄帝有 25 子，得姓者 14 人，为姬、西、祁、己、滕、任、荀、葴、僖、姞、儇、依 12 姓，其中有 4 人分属 2 姓。祝融之后，为己、董、彭、秃、妘、曹、斟、羋等 8 姓，史称"祝融八姓"。

随着社会生产力的发展，母系氏族制度过渡到父系氏族制度，氏族制度逐渐被阶级社会制度所替代，赐土以命氏的治理国家的方法、手段便产生了。氏的出现是人类历史的脚步在迈进阶级社会的表现。姓和氏，是人类进步的两个阶段，是文明的产物。

夏、商时期，贵族皆有姓氏。姓的分支为氏，意思相当于家或族。夏王室为姒姓，另有霸主昆吾为己姓，己姓中有苏、顾、温、董、豢龙等氏。商王室为殷姓，另有霸主大彭、豕韦为彭姓。商代还有条氏、徐氏、萧氏等十三个姓。

周代是中国姓氏大发展的一个重要时期，姓氏制度见于记载者较多。周王为姬姓，周王所封建的各诸侯国之君和卿大夫有同姓和异姓的区别。到东周春秋时，可考的有姬、姒、子、风、嬴、己、任、祁、羋、曹、董、姜、偃、归、曼、熊、隗、漆、允等二十二姓。《百家姓》的排名只是名义上的，虽然有字面上的这么多姓。因为某些姓氏虽然在字面上不同，实际上部分姓是从某姓衍生出来的，比如姚姓，据 2004 年在湖南零陵召开的全球华人公祭舜帝大会上的最新统计，由姚姓衍生出的姓氏达 60 个之多，如陈、王、胡、孙、虞、田、袁、车、陆等姓氏，流布于世界 40 多个国家和地区。

虽然周代贵族有姓，但只有女子才称姓，未婚女子如齐姜、宋子，齐、宋为国名，姜、子为姓；已出嫁女子，如江羋、栾祁，江、栾为夫家国、氏名，羋、祁为女子本人的姓。当时有同姓不婚的习俗，故称贵族女子的姓以

示与夫家之姓有所区别。

周代实行宗法制,有大、小宗之别。一个氏的建立表示一个小宗从大宗(氏)分裂出来,另立门户。建立侯国要经周王认可,卿大夫立新家要得到君主允许,称之为"胙之土而命之氏"。

《百家姓》是中国流行最长,流传最广的一种蒙学教材。它在北宋初年问世,成书和普及要早于《三字经》。它采用四言体例,句句押韵,虽然它的内容没有文理,但读来顺口,易学好记,与《三字经》、《千字文》相配合,成为中国古代蒙学中的固定教材。该书颇具实用性,熟悉它,于古于今都是有裨益的。

《百家姓》是中国独有的文化现象,流传至今,影响极深,它所辑录的姓氏,体现了中国人对宗脉与血缘的强烈认同感。姓氏文化,或谱牒文化,是中国文化的重要组成部分。中国人是世界上"寻根意识"最重的族群。《百家姓》在历史的衍化中,为人们寻找宗脉源流,建立血亲意义上的归属感,帮助人们认识传统的血亲情结,提供了重要的文本依据。它是中国人认识自我与家族来龙去脉不可缺少的文化文献基础蓝本。2009 年,《百家姓》被世界纪录协会收录为中国最早的姓氏书。

中国科学史上的里程碑

——《梦溪笔谈》

《梦溪笔谈》是由我国北宋时期著名科学家沈括撰写的一本笔记体著作，大约成书于公元 1086 年至公元 1093 年之间，收录了沈括一生的所见所闻和见解，被西方学者称为中国古代的百科全书，现已有多种外语译本。

《梦溪笔谈》包括《笔谈》、《补笔谈》、《续笔谈》3 个部分 26 卷，分为 17 门：故事、辩证、乐律、象数、人事、官政、机智、艺文、书画、技艺、器用、神奇、异事、谬误、讥谑、杂志、药议。《补笔谈》3 卷，包括上述内容中 11 门；《续笔谈》1 卷，不分门。全书共 609 条（不同版本稍有出入），内容涉及天文、数学、物理、化学、生物、地质、地理、气象、医药、农学、工程技术、文学、史事、音乐和美术等。在这些条目中，属于人文科学例如人类学、考古学、语言学、音乐等方面的，约占全部条目的 18%；属于自然科学方面的，约占总数的 36%，其余的则为人事资料、军事、法律及杂闻轶事等，约占全书的 46%。

就性质而言，《梦溪笔谈》属于笔记类。从内容上说，它以多于三分之一的篇幅记述并阐发自然科学知识，这在笔记类著述中是少见的。因为沈括本人具有很高的科学素养，他所记述的科技知识，也就具有极高价值，基本上反映了北宋的科学发展水平。《宋史·沈括传》称沈括"博学善文，于天文、方志、律历、音乐、医药、卜算无所不通，皆有所论著"。英国科学史家李约瑟评价《梦溪笔谈》为"中国科学史上的里程碑"。

沈括，字存中，出生于公元 1031 年，卒于公元 1095 年，杭州钱塘（今

浙江杭州）人，北宋科学家、政治家。在 1 岁时南迁至福建的武夷山、建阳一带，后居于福建的尤溪一带。仁宗嘉祐八年（1063 年）进士。神宗时参与王安石变法运动。熙宁五年（1072 年）提举司天监，次年赴两浙考察水利、差役。熙宁八年（1075 年）出使辽国，驳斥辽的争地要求。次年任翰林学士，权三司使，整顿陕西盐政。后知延州（今陕西延安），加强对西夏的防御。元丰五年（1082 年）以宋军于永乐城之战中为西夏所败，连累被贬。晚年以平生见闻，在镇江梦溪园撰写《梦溪笔谈》。

沈括雕像

　　从《梦溪笔谈》一书中可看出，沈括的科学成就是多方面的。他精研天文，所提倡的新历法，与今天的阳历相似。在物理学方面，他记录了指南针原理及多种制作法；发现地磁偏角的存在，比欧洲早了四百多年；又曾阐述凹面镜成像的原理；还对共振等规律加以研究。在数学方面，他创立"隙积术"（二阶等差级数的求和法）、"会圆术"（已知圆的直径和弓形的高，求弓形的弦和弧长的方法）。在地质学方面，他对冲积平原形成、水的侵蚀作用等，都有研究，并首先提出石油的命名。医学方面，对于有效的方药，多有记录，并有多部医学著作。此外，他对当时科学发展和生产技术的情况，如毕昇发明活字印刷术、金属冶炼的方法等，皆详为记录。

　　《梦溪笔谈》还以大量篇幅记述了当时的政治、军事、法律、人事以及一些传闻轶事、艺文掌故等。对赋役扰民、西北与北方军事利弊及典礼礼仪和古代音乐演进，均有翔实记载。该书对于研究北宋社会、政治、科技、经济诸方面有重要参考价值。《梦溪笔谈》对沈括的治学思想和方法也多有反映,是研究沈括科学思想的主要参考材料。

  《梦溪笔谈》在国外也很有影响,早在 19 世纪,它就因为其活字印刷术的记载而闻名于世。20 世纪以来,法、德、英、美、意等国都有人对《梦溪笔谈》进行系统而又深入的研究,并向社会公众加以介绍。我们的近邻日本,早在 19 世纪中期,就用活字版排印了沈括的这部名著,从 1978 年起,日本又分三册陆续出版了《梦溪笔谈》的日文译本。

  《梦溪笔谈》是中国科学技术史上的重要文献。在中国科技史有重要地位。1997 年 7 月 1 日,为了纪念其作者,中国科学院紫金山天文台将该台在 1964 年发现的一颗小行星命名为沈括。

毛泽东读了十七遍的史书

——《资治通鉴》

　　《资治通鉴》是我国北宋著名史学家司马光和他的助手所主编的一部多卷本编年体史书，全书294卷，约三百多万字，历时十九年完成。上起周烈王二十三年（公元前403年），下至五代周世宗显德六年（公元959年）。依照周、秦、汉、魏，直至隋、唐、五代之序，记载了十六朝长达1362年的历史，是中国史学史上涵盖时间最长的编年史巨著。全书以年代为经皇朝为纬，依次叙述中国古代发生的重大历史事件，同时，运用追叙、插叙等多种手法，说明事件发生的前因后果，交代人物的身世经历。袭于《春秋》，而慷慨论证长于《春秋》；承于《左传》，而记事言论浑然一体优于《左传》。在一定程度上吸收了纪传体的长处，使一向遭人冷落的编年体再次焕发青春，光耀史坛，与纪传体并驾齐驱。

　　《资治通鉴》略古详今，重点着眼于探讨君主执政过程中的得失与国家兴衰的道理，虽然花费了大量的篇幅记载有关的政治事件，但对于军事、经济等其他方面也多有涉及，仅就其选择、收录我国古代政治史料来看，通过作者的剪裁消化、归纳动用，终成一部完整的政治通史体系，流传至今，对于警戒后世，仍然具有重要的参考价值。

　　《资治通鉴》的主要内容是政治通史，书中尤其重视为君之道，用大量篇幅记载中国历史上著名的文景之治、贞观之治等贤明政治，详细描述乱国之君丧权辱国，涂炭生灵的经过，提出了一些为君之道。在第六卷《秦始皇十年》中，作者写道："臣闻太山不让土壤，故能成其大；河海不拒细流，而能就其深；王者不却众庭，故能明其德。"只有像泰山一样容纳百山之长,像海洋一样纳百川之流,才能成就帝国的霸业。在第一卷《周威烈王二十三年》中,司马光说:"万事未有不生于微而成于著,圣人之虑远,故能涵其微而治之,众人之虑近,故必得其著而后救之;治其微则用力寡而功多,救其著则竭力而不能及也。"作者在此说明了防微杜渐的重要性,以及圣人与普通人在处理问题上的区别。

关于任人问题,作者在第 138 卷《齐武帝永明十一年》中写道:"人君之与其国,譬如一身,视远如视近,在境如在廷,举贤才以任百官,修政事以利百姓,则封城之内无不能其所矣!"告诫君主:贤人和国家的关系,如同躯体的各个部分,看远处犹如看近处,在边疆犹如在朝廷,只有推荐贤能的人充任各种官职,修明政治为百姓谋求福利,那么自己的疆界内的百姓各得其所,社会变得安定有序。作者在考虑唐太宗时期出现的贞观之治时,认为重要的一条就是他的用人标准有独特之处,人君选贤才以为股肱心膂,当推诚任。人不可以求全,必舍其所长。再次强调:疑人不用,用人不疑,要与贤人推心置腹,不可求全责备的道理,这样君主的周围就会聚集一大批各方面的专业人才,国家的治理才能走上正轨。

司马光(1019—1086),北宋时期著名政治家,史学家,文学家。北宋陕州夏县涑水乡(今山西夏县)人,出生于河南省光山县,原字公实,后改君实,原号迂夫,后改迂叟,世称涑水先生。司马光自幼嗜学,尤喜《春秋左氏传》;宋仁宗宝元元年(1038 年),司马光年方 20,中进士甲科。宋英宗继位前任谏议大夫,宋神宗熙宁初拜翰林学士、御史中丞;北宋熙宁三年(1070 年),司马光因反对王安石变法,出知永兴军。次年,判西京御史台,居洛阳十五年,专门从事《资治通鉴》

司马光像

中国名著甲乙丙

的编撰。司马光为此书付出毕生精力，成书不到 2 年，他便积劳而逝。《资治通鉴》从发凡起例至删削定稿，司马光都亲自动笔，不假他人之手。清代学者工鸣盛说："此天地间必不可无之书，亦学者必不可不读之书。"

《资治通鉴》自成书以来，历代帝王将相、文人骚客、各界要人争读不止。点评批注《资治通鉴》的帝王、贤臣、鸿儒及现代的政治家、思想家、学者数不胜数。历史对《资治通鉴》的称誉，除《史记》之外，几乎都不可以和《资治通鉴》媲美。有所谓"史学两司马"。南宋史学家王应麟评价说："自有书契以来，未有如《通鉴》者。"清代著名学者顾炎武在《日知录·著书之难》中高度评价《资治通鉴》和马端临的《文献通考》，称赞这两部著作"皆以一生精力成之，遂为后世不可无之书"。

《通鉴》亦有高度文学价值，曾国藩撰成的《经史百家杂钞》一书中选录《资治通鉴》11 篇。曾国藩评价此书说："窃以先哲惊世之书，莫善于司马文正公之《资治通鉴》，其论古皆折衷至当，开拓心胸。"近代著名学者梁启超评价《通鉴》时说："司马温公《通鉴》，亦天地一大文也。其结构之宏伟，其取材之丰赡，使后世有欲著通史者，势不能不据以为蓝本，而至今卒未有能愈之者焉。温公亦伟人哉！"

毛泽东自称曾十七次批注过《资治通鉴》，并评价说："一十七遍。每读都获益匪浅。一部难得的好书噢。恐怕现在是最后一遍了，不是不想读而是没那个时间啰……中国有两部大书，一曰《史记》，一曰《资治通鉴》，都是有才气的人，在政治上不得志的境遇中编写的……《通鉴》里写战争，真是写得神采飞扬，传神得很，充满了辩证法。"

如诗如梦的北宋都城开封

——《东京梦华录》

　　《东京梦华录》是我国宋代孟元老所撰写的笔记体散记文,也是一本追述北宋都城东京开封府城市风貌的著作,记录了从宋徽宗崇宁到宣和(1102—1125)年间北宋都城东京开封的情况,为我们描绘了这一历史时期居住在东京的上至王公贵族、下及庶民百姓的日常生活情景,是研究北宋都市社会生活、经济文化的一部极其重要的历史文献。《东京梦华录》共 10 卷,约 3 万言。

　　孟元老,生平事迹不见他书记载,现在仅能据其自撰的《东京梦华录》序,了解其生平大概。他原名孟钺,号幽兰居士,出生于崇宁二年(1103 年),至建炎元年(1127 年)北宋覆亡后南逃,在东京共生活了 23 年。他曾任开封府仪曹,是北宋保和殿大学士领都水、将作二监事务孟昌龄的族人,居里及其余仕履俱不祥。

　　北宋末年,金军大举南下,开封数次被围。靖康癸未年(1126 年),徽宗、钦宗被金军掳去北方,史称"靖康之难"。靖康之难,中原人士大多随朝廷南下,故国故乡之思时刻萦绕心头。靖康之难第二年,孟元老离开东京开封南下,避地江左,遂终老此生。孟元老避地江南的数十年间,寂寞失落中也时常暗想当年东京繁华,心中无限惆怅。孟元老在与年轻人谈及东京当时繁华,年轻人"往往妄生不然"。为了不使谈论东京风俗者失于事实,让后人开卷能睹东京当时之盛况,绍兴十七年(1147 年),孟元老在怅然中提笔追忆东京当年繁华,编次成集,于南宋绍兴十七年撰成《东京梦华录》。孟元老卒于宋高宗绍兴十七年(1147

年)以后,终年在六十岁上下,具体时间已不可考。

《东京梦华录》大致包括这几方面的内容:京城的外城、内城及河道桥梁、皇宫内外官署衙门的分布及位置、城内的街巷坊市、店铺酒楼,朝廷朝会、郊祭大典,当时东京的民风习俗、时令节日,饮食起居、歌舞百戏等等,几乎无所不包。

《东京梦华录》一书共提到的一百多家店铺中,酒楼和各种饮食店就占有半数以上。城中有"白矾楼"(后改为"丰乐楼")、"潘楼"、"欣乐楼"(即"任店")、"遇仙正店"、"中山正店"、"高阳正店"、"清风楼"、"长庆楼"、"八仙楼"、"班楼"、"张八家园宅正店"、"王家正店"、"李七家正店"、"仁和正店"、"会仙楼正店"等大型高级酒楼"七十二户"。其中如著名的丰乐楼,"宣和间,更修三层相高,五楼相向,各有飞桥栏槛,明暗相通,珠帘绣额,灯烛晃耀"。关于饮食,《东京梦华录》卷二"饮食果子"条不完全的统计,就有:乳炊羊、羊闹厅、羊角腰子、鹅鸭排蒸荔枝腰子、还元腰子、烧臆子、莲花鸭签、酒炙肚胘,入炉羊头签、鸡签、盘兔、炒兔、葱泼兔、假野狐、金丝肚羹、石肚羹、假炙獐、煎鹌子、生炒肺、炒蛤蜊、炒蟹之类不下五六十种之多。

据《东京梦华录》载,为满足市民夜生活的延长,商家为了追求更多的商业利益,原先坊市制下长期实行的"夜禁"也自然而然宣布取消,开封城里出现了"夜市"、"早市"和"鬼市"。各种店铺的夜市直至三更方尽,五更又重新开张;如果热闹去处,更是通晓不绝;而有的茶房每天五更点灯开张,博易买卖衣服、图画、花环、领抹之类,至晓即散,谓之"鬼市子"。

在《东京梦华录》中作者还用大量的笔墨,记录了当时东京民间和宫廷的"百艺",并辟"京瓦伎艺"一目,详述了勾栏诸棚的盛况及各艺人的专长。该书对宫廷教坊、军籍、男女乐工、骑手、球队也作了描绘,特别是春日宫廷女子马球队在宝津楼下的献艺,还有火药应用于"神鬼"、"哑杂剧"中增加效果等,给中国"百艺"史上留下了可贵的记录。书中关于诸宫调的渊源,诸艺的名称,讲史、小说的分类等的记载,也受到研究中国戏曲、小说和杂技史的学者的重视。

《东京梦华录》对徽宗政和、宣和年间汴京的城市社会经济生活和文化生活都有翔实的记载和详尽的论述，为后人留下了探索那个时代汴京城里各个阶层居民生活面貌的大量宝贵资料。自从它于南宋初年在临安刊行以来，一直为人们所重视。封建社会里的文人墨客，在谈到北宋晚期东京掌故时，莫不首引此书，如赵甡之的《中兴遗史》、陈元靓的《岁时广记》以及陶宗仪的《说郛》，对本书的部分资料，都有所选录。到了近代，由于它的内容具有很高的社会经济文化史的价值，尤其引起了中外许多从事各种专史研究的学者专家们的高度重视，交相征引利用。人们往往把本书与《清明上河图》视同姐妹之作，二者对于我们考察研究北宋城市经济发展史的工作都具有重要的意义。《东京梦华录》开创了以笔记描述城市风土人情、掌故名物的新体裁，为以后反映南宋都城临安的同类著作《都城纪胜》、《梦粱录》、《武林旧事》、《如梦录》、《续东京梦华录》等书所沿用。

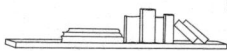

古代中国儒家的"圣经"

——《四书章句集注》

　　《四书章句集注》是我国南宋著名学者朱熹撰写的,是集"四书"(《大学》、《中庸》、《论语》、《孟子》)与"五经"(《诗经》、《尚书》、《礼记》、《易经》、《春秋》)于一体的巨作,也是一部儒家理学的名著。很显然,它是"四书"的重要的注本,其内容分为《大学章句》(1卷)、《中庸章句》(1卷)、《论语集注》(10卷)以及《孟子集注》(14卷)。朱熹首次将《礼记》中的《大学》、《中庸》与《论语》、《孟子》并列,认为《大学》中"经"的部分是"孔子之言而曾子述之","传"的部分是"曾子之意而门人记之";《中庸》是"孔门传授心法"而由"子思笔之于书以授孟子"。四者上下连贯传承而为一体。《大学》、《中庸》中的注释称为"章句",《论语》、《孟子》中的注释集合了众人说法,称为"集注"。后人合称其为"四书章句集注",简称"四书集注"。

　　《四书章句集注》19卷,朱熹于公元1190年在漳州刊出。可以说,《四书章句集注》一书,上承经典,下启群学,金科玉律,代代传授,对中国传统文化构成的作用不可低估。

　　朱熹,字元晦、仲晦,号晦庵,出生于公元113年,卒于公元1200年,婺源县(原属徽州地区)人。出生于福建尤溪县,南宋绍兴十八年(1148)中进士,历任左迪功郎、转运副使、焕章阁待制、秘书修撰、宝文阁待制等职,死后诒赠"太师",封"徽国公"。朱熹少年得志,但由于它的政治立场和思想观念与当权者相逆,所以仕途颇为坎坷。晚年个人失意,国家也日趋崩溃,他在寂寞和痛苦之中,一方面发愤著书立说,一方面寄情山水以消愁。绍熙四年(1193年),朱熹在福建建阳的考亭筑室课徒,四方慕名而来者很多,由此创立了在理学历史上影响深远的考亭学派。朱熹死后,送葬弟子竟至千人。生平著述极丰,如《四书章句集注》、《诗集传》、《朱子语类》、《文公家礼》、《朱晦庵集》等。

朱熹几乎用了毕生精力研究"四书"。他在34岁时写成了《论语要义》,10年后又写成《论语正义》,之后又写《论语集注》、《孟子集注》、《论语或问》、《孟子或问》。60岁时,他撰写《大学章句》、《中庸章句》,之后还写了《大学或问》、《中庸或问》。他在去世前三日还修改《大学·诚意章》的注释。"四书"经过他的反复研究,颇为完整,条理贯通,无所不备。"四书"在南宋以后之所以能代替"五经"的权威,与朱熹的努力是分不开的。

实际上,先秦及秦汉时期,儒家的许多经典都没有真正受到重视。《孟子》、《大学》、《中庸》直到韩愈、李翱、二程,特别是到了朱熹,才受到了异乎寻常的重视。韩愈和二程都竭力阐发和宣扬孟子的思想,因而使《孟子》一书的地位有了明显提高。不仅如此,韩愈和李翱对《中庸》和《大学》的思想也给予了充分重视,如李翱的《复性书》将此二篇的部分观点加以融合、发挥,建构了一个较为完整的思想体系,开启了宋代理学大门。二程沿着这个方向,尊奉《中庸》,并把《大学》与《论语》、《孟子》并提。

将这四部书合为一书,始于朱熹的《四书章句集注》。在编排次序上,首列《大学》,次列《论语》和《孟子》,最后列《中庸》。他的意图是要人先读《大学》,以定其规模;次读《论语》,以立其根本;再读《孟子》,观其发越;后读《中庸》,以求古人微妙之处。《大学》被朱熹视为修身治人的规模和为学的纲目。对于《中庸》,朱熹认为它是孔门传授心法的经典,并引用程颐的话,说:这本书一开始说的是一个道理,中途便散为万事万物的道理,到了末尾又合为一个道理。把它放开,和所有的事物都是相通的,将它收回来看,它又是那么神秘。由此不难看出,朱熹把《大学》视为理学的纲领,而把《中庸》视为理学的精髓。此外,朱熹认为《论

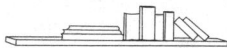

语》和《孟子》也是一定要读的，"以探其本"。他说："学者之要务，反求诸己而已。反求诸己，别无要妙，《论》、《孟》二书，精之熟之，求见圣贤所以用意处，佩服而力持之可也。"这不仅进一步巩固了《论语》的地位，而且进一步提高了《孟子》的地位。对于孔孟形象及其精神的重塑与发挥、对中国传统文化的汇聚和提炼，朱熹的功劳不可磨灭。《四书章句集注》就是他重塑孔孟形象、发挥儒家精神、宣传理学道义的最简要、最普及、最权威的一部教科书。因此，有人说它的地位几乎和欧美的《圣经》、阿拉伯国家的《古兰经》相等。

在注释方式上，朱熹不同于汉唐学者的作风。汉唐学者注释，注重经书的原本，文字的训诂和名物的考证分量很重，做法繁琐。朱熹注释则注重阐发"四书"中的义理，并往往加以引申和发挥，其意已超出"四书"之外。总之，朱熹注释"四书"，目的不仅仅是整理和规范儒家思想，宣扬和贯彻儒家精神，其更主要的目的是把"四书"纳入到自己的理学轨道，用"四书"中的哲理作为构造自己整个思想体系的间架。从这个意义上说，《四书章句集注》不仅是儒家学说的大成，而且是朱熹儒学体系的基础。

朱熹注释四书具有明确的目的性。他对道传不能承继、道德沦丧、教化不行的社会文化现象十分不满。为了改变这种状况，使得"圣经贤传之旨，灿然复明于世"，就必须行其"政教"。而《四书章句集注》正是这种"政教"的范本。它在文化上所取得的成果最主要有三个方面。

首先，表现在思维模式的整体性上。《四书章句集注》以"理"为中心，展现了"理"与儒家经典中的范畴体系的联系，并以此界定了这个范畴体系中的重要范畴，如天、人、性、道、心等。从而实现了"天人合一"、"心理合一"、"心性合一"。此三种合一说，为朱熹贯通"四书"，奠定了十分重要的理论基础，也反映了朱熹思维模式的整体性。可以说，他在更为宽广的范围上重新建构了儒学体系。《四书章句集注》之所以能成为"政教"的范本，与朱熹使之进一步体系化是分不开的。

其次，道德理性与道德实践的高度结合。在《四书章句集注》中，宇宙本体和道德本体，纯粹理性和实践理性是完全统一的。其道德理性的至高性与道德实践的自觉性，实现了有机的结合。朱熹借助"理一分殊"这个思辨之网，完成了道德理性的绝对化、本体化。他说："天即理也。"天理流行，大化不息，生人生物，各有其理。而"性即理也"。如此，人便可以通过继善成性，摆脱"人心"，实现"道心"。人如果实现了"道心"，那么就自然完成了道德的本体，原来这就是天理。"道心"是道德理性，是自觉追求的道德精神。这种追求道德精神的自觉程度，决定着以写实为内容的实践理性。二者的有机结合，才能实现道中庸而极高明，致广大而尽精微，尊德性而问道学。从现实性而言，如此才能实现人与自然、社会的完全和谐，如此才能实现人生的最高真理和人生的真正价值。总之，道德理性与道德实践的高度结合，推进了古典式的人文理想在中国传统文化中的地位，进一步增强了儒学经典的教化作用。

最后，道德教育的整治化。《四书章句集注》自始至终贯穿了"明人伦"的宗旨。所谓"明人伦"，就是维护统治秩序，以实现政治上的安定。他多次劝告封建统治者应当注意"正心术以立纲纪"的治国大计，以"正心诚意"为定国安邦的大本。由此可见，其道德教育的政治目的是非常明确的。实际上，也正是因为《四书章句集注》具有非常明确的政治目的，所以长期以来一直受到封建统治者的重视，使之成为中国古代政治文化中的重要现象。

《四书章句集注》集中反映了朱熹对儒家经典的高度重视，充分表现了他的文化观。一代又一代的传统士人受其深深影响，他们的理想、信念、志趣和心态，都与这部书联系在一起。

六经学习的阶梯

——《近思录》

《近思录》由我国南宋著名理学家朱熹和吕祖谦撰写，是依朱、吕二人的理学思想体系编排而成的，系统地论述了从宇宙生成的世界本体到孔颜乐处的圣人气象，循着格物穷理，存养而意诚，正心而迁善，修身而复礼，齐家而正伦理，以至治国平天下及古圣王的礼法制度，然后批异端而明圣贤道统。全面阐述了理学思想的主要内容，故此书实可谓囊括了"北宋五子"及朱、吕一派学术的主体。

朱熹像

宋孝宗淳熙二年（1175年），吕祖谦从浙江到福建与朱熹会晤，两人在寒泉精舍相与读周敦颐、张载、程颢、程颐等人的著作，感其"广大闳博，若无津涯"，初学者不易把握其要义，于是精选622条，辑成《近思录》。《近思录》共分14卷。"近思"二字取自《论语》："博学而笃志，切问而近思，仁在其中矣。"朱熹取此书名的用意在于，把《近思录》当作学习四子（指周、张、两程）著作的阶梯，四子著作又为学习《六经》的阶梯，以正"厌卑近而骛高远"之失。

朱熹前面已有介绍。吕祖谦,字伯恭,出生于公元1137年,卒于公元1181年,寿州(今安徽凤台)人,人称东莱先生。与朱熹、张栻齐名,同被尊为"东南三贤","鼎立为世师",是南宋时期著名的理学大家之一。他所创立的"婺学",也是当时颇具影响的学派之一。

《近思录》所收六百二十二则四子语录,分别取材于周敦颐《太极图说》、《通书》,张载《文集》、《正蒙》、《经说》、《论孟说》、《语录》,二程《文集》、《遗书》、《外书》、《易传》、《经说》等书,其中也有少量今本遗佚者,可略补四子文献之阙。但作为一部系统介绍理学四子思想的语录体编著,《近思录》的学术文献价值,与其说在于四子语录本身,不如说在于编者剪裁序缉的运思构想,而篇目的标立更反映编者对理学整体架构和内在联系的精思深虑。这当然并非主张读《近思录》只需看篇目结构,不必读语录内容,而是说,《近思录》绝大部分内容并非原创,从文献意义上说,无足轻重,只是经过遴选,把原本分散各书的论议文字汇集一编,便于学者观览阅读而已。但若只有纂集之功,没有辑次之思;只有"规模之大",而无"纲领之要"、"节目详明",又岂能让一大堆文献资料产生明晰体系的效果?所以,《近思录》用以解析四子"广大阁博,若无津涯"理学思想的篇目结构,才是真正属于作者的、具有原创性学术意义的东西。

"四书"是儒学元典"五经"的入门阶梯,《大学》是"四书"的纲领,《近思录》按《大学》"三纲八目"规模来辑次周、两程、张四子语录,故而读《近思录》可与《大学》相发明,并循级而上,渐登圣学殿堂。

《近思录》一书,在理学史上具有重要地位,为确立儒家道统,传播理学思想起过重要作用。清代江永(1681—1762)称:"凡义理根源,圣学体用,皆在此编","盖自孔曾思孟而后,仅见此书。"国学大师钱穆说:"后人治宋代理学,无不首读《近思录》。"

宋朝之前的百科全书

——《容斋随笔》

　　《容斋随笔》是由我国南宋著名学者洪迈所撰写的史料笔记,被历史学家公认为是研究宋代历史必读之书,该书与沈括的《梦溪笔谈》、王应麟的《困学纪闻》并称为宋代三大最有学术价值的笔记。洪迈在《容斋随笔》卷首说明:"余老去习懒,读书不多,意之所之,随即纪录,因其先后,无复全次,故目之曰随笔。"

　　洪迈(1123—1202),字景卢,别号野处,鄱阳(今江西波阳)人。绍兴进士,乾道三年(1167 年),"迁起居郎,拜中书舍人,兼侍读,直学士院,仍参史事。父忠宣(洪皓)、兄适,遵皆历此三职,迈又蹑之"(《宋史·洪迈传》)。洪迈官至端明殿学士,学识渊博,一生涉猎典籍颇多,被称为博洽通儒。撰著除《容斋随笔》外,还有志怪小集《夷坚志》,并编有《万首唐人绝句》等。

　　《容斋随笔》是他近 40 年的读书笔记,包括"随笔"、"续笔"、"三笔"、"四笔"各 16 卷,"五笔"10 卷,共 74 卷,范围广泛,考证详明。如"随笔"卷三"唐人告命"、卷九"老人推恩"、卷十"唐书判"、"续笔"卷十"唐诸生束修"、卷十一"唐人避讳"、卷十六"唐朝士俸微"等,记述唐代风俗习惯、典章制度,多史传不详的材料。"随笔"卷四"野史不可信"、卷六"杜悰"、卷八"谈丛失实"、"韩文公佚事"等,指出新旧《唐书》、《资治通鉴》以及魏泰《东轩录》、沈括《梦溪笔谈》等书记载失实处,并提供了一些重要资料。书中对李白、杜甫、白居易、韩愈、柳宗元等人的诗文亦多所论述。《容斋随笔》是作者数十年博览群书、经世致用的智慧和汗水的结晶。

《容斋随笔》内容繁富,议论精当,是一部涉及领域极为广泛的著作,自经史诸子百家、诗词文翰以及历代典章制度、医卜、星历等,无不有所论说,而且其考证辨析之确切,议论评价之精当,皆倍受称道。其最重要的价值和贡献是考证了前朝的一些史实,如政治制度、事件、年代、人物等,对历代经史典籍进行了重评、辨伪与订误,提出了许多颇有见地的观点,更正了许多流传已久的谬误,不仅在中国历史文献上有着重要的地位和影响,而且对于中国文化的发展亦意义重大。

明代河南巡按、监察御史李翰在弘治十一年(1498年)说:"洪迈聚天下之书而遍阅之,搜悉异闻,考核经史,捃拾典故,值言之最者必札之,遇事之奇者必摘之,虽诗词、文翰、历谶、卜医,钩纂不遗,从而评之。""此书可以劝人为善,可以戒人为恶;可使人欣喜,可使人惊愕;可以增广见闻,可以澄清谬误;可以消除怀疑,明确事理;对于世俗教化颇有裨益。"《四库全书总目提要》评价《容斋随笔》时说:"南宋说部当以此为首。"

《容斋随笔》是毛泽东一生中比较喜欢读的一部具有较高价值的笔记书。从许多资料看来,的确如此。1944年7月28日,毛泽东致函谢觉哉说:"《容斋随笔》换一函送上。"其珍爱此书以致影响及于重要干部如此。就在1976年8月26日毛泽东索要《容斋随笔》之后,他的病情开始恶化。即使如此,在9月8日,也就是毛泽东去世的前一天,还由别人为他代读《容斋随笔》37分钟,实践了"活到老,学到老"的诺言,而这部书也成为一代伟人毛泽东一生中所读的最后一部书。该书因内容博大精深,广涉历代治乱兴衰、纵横韬略、处世为人、文坛趣事、历史珍闻等,向来为治国者所珍爱。

总之,该书从经史子集到诗词文翰,从典章制度到医卜星历,无所不包,无所不容,其考证辨析之确切,议论评价之精当,备受称道。此书的学术性和可读性绝不亚于任何一部史书,其中的政治历史、人物佚事、文章典籍,甚至各朝各代的制度无所不包,堪称宋朝之前的百科全书。

古代"蒙学之冠"
——《三字经》

古人曰:"熟读三字经,便可知天下事,通圣人礼。"

《三字经》全文长达 1722 字,与《百家姓》、《千字文》并称为"三百千",为三大国学启蒙读物之一,是中华民族珍贵的文化遗产。它短小精悍、朗朗上口,千百年来,家喻户晓。其内容涵盖了历史、天文、地理、道德以及一些民间传说,所谓"熟读《三字经》,可知千古事"。基于历史原因,《三字经》难免含有一些精神糟粕、艺术瑕疵,但其独特的思想价值和文化魅力仍然为世人所公认,被历代中国人奉为经典并不断流传。

《三字经》自宋朝以来,已有 700 多年历史。它早就不仅仅属于汉民族了,它有满文、蒙文译本。《三字经》也不再仅仅属于中国,它的英文、法文译本也已经问世。1990 年新加坡出版的英文新译本更是被联合国教科文组织选入"儿童道德"丛书,加以世界范围推广,成为儿童的必读必背的书籍。

《三字经》有着巨大的生命力。在过去,包括章太炎在内的有见识的学者,多有致力于《三字经》的注释和续补者。模拟《三字经》形式的读物,如《女三字经》、《地理三字经》、《医学三字经》、《西学三字经》、《工农三字经》、《军人三字经》、《佛教三字经》、《道教三字经》层出不穷,风靡天下。

《三字经》内容的排列顺序极有章法,体现了作者的教育思想。作者认为教育儿童要重在礼仪孝悌,端正孩子们的思想,知识的传授则为其次，即"首孝悌，次见闻"。训导儿童要先从小学入手，即先识字，然后读经、子两类的典籍。经部子部书读过后，再学习史书，书中说："经子通，读诸史。"

可以说，《三字经》既是一部儿童识字课本，同时也是作者论述启蒙教育的著作。《三字经》用典多，知识性强，是一部在儒家思想指导下编成的读物，充满了积极向上的精神。

《三字经》具有识字、广见闻和灌输封建伦理道德观念，即传授知识与封建政治思想教育双重功能。书中文笔自然流畅，朴实无华，深入浅出，情真意切。此书中有段仅用三百多字便概括了中华五千年历史的变迁，历来备受赞誉。《三字经》、《百家姓》、《千字文》，俗称"三百千"，而《三字经》后来居上。这里的"居上"殆源于数字顺序，未必便是根据三书之内容与作用的有意排列。但事实上，综其覆盖读者之广、教育作用之深以及流传时间之久观而言，《三字经》在中国古代蒙书教材中，不能不说是影响最大、最有代表性的书。

关于该书的作者，历来众说纷纭，但可以肯定的是该书的作者应该不止是宋代的王应麟一个，因为在《三字经》中有这样一句话："明太祖，久亲师。传建文，方四祀。迁北京，永乐嗣。迨崇祯，煤山逝。"显然在明代以后，也有许多人完善过此书才使此书名垂千古，深受人们的青睐。

一缕冤魂待昭雪

——《窦娥冤》

　　《窦娥冤》是关汉卿晚年的杂剧作品,700 多年来,她一直在舞台长演不衰。人们用不同的方式演绎着这部感天动地的悲剧,除了通过昆曲、蒲剧、豫剧、京剧、黄梅戏、秦腔、河北梆子等戏剧形式展示这部作品外,还拍摄了相关的影视作品。在这个科学技术高速发展的时代,我们可以轻而易举地找到相关的视频来观看,与窦娥一起经历她的悲惨遭遇,我们或是泪眼婆娑,或是捶胸顿足,或是若有所悟……这就是《窦娥冤》,一部具有如此长久而强大魅力的作品。

　　关汉卿,我国古代伟大的戏剧家,元杂剧的奠基人,号已斋(一作一斋)、已斋叟,大约生于金代末年(约 1220),卒于元成宗大德初年(1300)前后。他与马致远、郑光祖、白朴并称为"元曲四大家"。他所作的杂剧多达六十余种,为诸家之冠。其中,《窦娥冤》、《救风尘》、《单刀会》最为有名。关汉卿也是一位散曲作家,在元代散曲史上占有重要的地位。今存关汉卿散曲,计套曲 14、小令 35(一说 57)。他的作品为后世提供了许多宝贵的艺术经验,被后人誉为"曲圣"。

　　元杂剧又称北杂剧,形成于宋末,繁盛于元大德年间(13 世纪后半期—14 世纪),是一种新型而完整的戏剧形式,集歌唱、说白、舞蹈等元素于一体,并且产生了韵文和散文结合的、结构完整的文学剧本。关汉卿的杂剧多数富有生活气息和艺术韵味,在艺术构思、戏剧冲突、人物塑造、语言运用等方面,为元杂剧的发展和完善奠定了坚实的基础,促进了元杂剧的繁荣。

《窦娥冤》全称《感天动地窦娥冤》，是中国"十大古典悲剧"之一，同时也是元杂剧"四大悲剧"之一。剧情取材于民间传说故事《东海孝妇》。《东海孝妇》讲的是一个小姑子诬告嫂嫂害死婆婆，致使嫂嫂被冤杀的故事。作者从这个民间传说中得到启示，由之生发开来，紧紧扣住当时的社会现实，将元代封建王朝的黑暗残暴，贪官污吏草菅人命，地痞流氓横行乡里，劳动人民生活在水深火热之中的现实生活内容融入其中，真实而深刻地反映了元代中国社会极端黑暗腐败、残酷混乱的人间惨象，歌颂了窦娥孝顺、善良、忠贞的优秀品质和勇于挑战黑暗势力的反抗精神，表现了中国人民坚强不屈的斗争精神和争取独立生存的强烈要求。

　　《窦娥冤》全剧四折一楔子，具有元杂剧典型的结构特色。全剧讲了这样一个故事：窦娥的父亲窦天章因无钱归还蔡婆婆的高利贷，将年仅七岁的女儿端云卖给蔡婆婆做了童养媳，蔡婆婆给了窦天章赴京赶考的盘缠赴京赶考。窦端云被蔡婆婆收养后，改名窦娥，长大成人后与蔡婆婆的儿子成了亲。谁知婚后不久，丈夫便撒手西去，留下她和婆婆二人守寡在家。那日，蔡婆婆去向赛卢医讨债，险被无钱归还的赛卢医杀害，恰好被路过的张驴儿与其父撞破此事。张驴儿父子以救命之由要挟蔡婆婆，强迫她们婆媳俩招他父子俩做翁婿。但窦娥恪守节操，拒不相从。张驴儿便心生毒计，从赛卢医处买得砒霜，下到窦娥为蔡婆婆做的羊肚汤中，欲毒死蔡婆婆，以便胁迫窦娥与自己成婚。正巧蔡婆婆作呕，吃不下，毒汤反被张驴儿父亲误食。天良丧尽的张驴儿要挟不成，又毒死自家老子，便趁机把脏水泼到窦娥身上，想以此来逼窦娥就范。但窦娥还是坚决不从，并要求与张驴儿对簿公堂。不想当地太守是个贪得无厌的昏官，他接受了张驴儿的贿赂，欲屈打成招，但窦娥不招。贪官便要挟要打蔡婆婆，窦娥为免婆婆受打，只好承认是自己毒死了张驴儿的父亲，于是，窦娥被判处了死罪。临刑前，窦娥悲痛欲绝，将一腔怒火倾向天地，发出了"地也，你不分好歹何为地！天也，你错勘贤愚枉做天"的呼喊，痛斥社会腐败残酷、官吏无心正法的黑暗现实，并许下"血洒白

练、六月飞雪"和"楚州亢旱三年"三个誓愿。窦娥死后这三桩誓愿都相继应验。窦娥的冤魂无法得到安息,她等待着洗雪冤屈的那一刻。窦天章科举得中,三年后任廉访使至楚州,见窦娥鬼魂出现,于是重审此案,为窦娥申冤昭雪。

关汉卿生活的时代,政治黑暗腐败,社会动荡不安,阶级矛盾和民族矛盾十分突出,人民生活在水深火热之中。因此,他的杂剧内容具有强烈的现实性,弥漫着昂扬的战斗精神。《窦娥冤》运用现实主义和浪漫主义相结合的手法,通过丰富的想象和大胆的夸张,成功地塑造了"窦娥"这个悲剧主人公形象,使其成为元代被压迫、被剥削、被损害的妇女的代表,成为元代社会底层善良、坚强而最终走向反抗的妇女的典型。作者歌颂了她坚贞不屈、自我牺牲的精神,同时鞭笞了邪恶势力,嘲讽了吏治的腐败。作者通过此作品表达出自己对民生疾苦的关切,反映了他想为广大人民伸张正义、惩治邪恶的愿望。

从 19 世纪开始,关汉卿的作品即被译成英、法、德、日等外国文字,在世界各地广泛传播。1958 年,他被世界和平理事会提名为"世界文化名人",与意大利著名画家达·芬奇同列。我国为纪念其戏剧创作七百年,在全国各地热烈地开展纪念活动。究竟关汉卿取得了怎样的戏剧成就,竟然能享有如此盛誉? 对此,如果我们研读过他的戏剧作品,便会豁然开朗。《窦娥冤》这部作品对于奠定关汉卿在中国戏剧史甚至世界戏剧史上的地位具有十分重要的意义,在思想和艺术上都能代表关汉卿杂剧的杰出成就。

愿普天下有情人终成眷属

——《西厢记》

爱情,永远都是文学作品钟爱的主题。王实甫的《西厢记》便是描绘这一主题最为成功的戏剧,它是我国戏剧史上首部直接描写爱情心理的作品。它的思想内容惊世骇俗,却表现出"花间美人"般光彩照人的格调;它的曲词华丽优美,富有诗境,可以说每支曲子都是一首美妙的抒情诗。此剧一上演,便惊倒四座,博得男女青年的喜爱。元杂剧《西厢记》是元代剧坛上的一朵奇葩,是我国古典戏剧的现实主义杰作,对后来以爱情为题材的小说、戏剧创作产生了很大影响。

元杂剧《西厢记》,全名《崔莺莺待月西厢记》,是我国家喻户晓的古典戏剧名著,全剧共5本20折。其作者王实甫,名德信,大都人,元代著名杂剧作家,生卒年与生平事迹皆不详。他所创作的杂剧计有14种,完整保留下来的有《西厢记》、《破窑记》和《贩茶船》、《芙蓉亭》曲文各一折,其他剧作均散佚不传。王实甫的《西厢记》写了书生张君瑞与相国小姐崔莺莺一见钟情,在丫环红娘的帮助下,冲破封建礼教的禁锢而结合的爱情故事。

崔莺莺和张生的故事,源远流长,最早见于唐代著名诗人元稹所写的传奇小说《莺莺传》(又名《会真记》)。《莺莺传》的结果是张生遗弃了莺莺,是个悲剧的结局。唐代以后,这个爱情故事的结局,令许多人感到遗憾和不满,他们纷纷斥责张生的薄情寡义。于是这个爱情故事就在流传的过程中渐渐发生改变。到了金代,董解元的《西厢记诸宫调》问世,就是所谓的"董西厢",对《莺莺传》中的故事情节和人物形象作了根

本性的改造,矛盾冲突演变成了封建家长同争取恋爱婚姻自由的青年男女之间的斗争;张生成了多情才子,莺莺富有反抗性;故事以莺莺和张生私奔作结,使故事有了新的面貌。到了元代,戏剧家王实甫在"董西厢"的基础上把崔张故事改为多人演出的杂剧,故事情节更加紧凑,融合了古典诗词,文学性大大提高,但以老夫人妥协,答应二人婚事作结,是个皆大欢喜的大团圆结局。这就是我们今天所看到的《西厢记》,一般被人们称为"王西厢"。"王西厢"作为我国古典戏剧中的一部典范性作品,具有宏伟的规模、严谨的结构、曲折的情节、生动细腻的人物刻画等特点,其舞台艺术的完整性,达到了元代戏曲创作的最高水平。正因为如此,元代贾仲明在《凌波仙》中称:"新杂剧,旧传奇,《西厢记》天下夺魁。"

"王西厢"的故事情节是这样的:崔莺莺与其母送父亲灵柩回河北安葬,途中因故受阻,在河中府普救寺暂住。在寺中,莺莺与张君瑞相遇,二人一见倾心。张生便借宿寺中,寻找机会与莺莺相处。

叛将孙飞虎听说崔莺莺有"倾国倾城之容,西子太真之颜"。便率领人马,将普救寺围住,限老夫人三日之内交出莺莺做他的"压寨夫人"。众人束手无策,相国夫人被逼无奈,只好当众许诺:谁能退却贼兵,就将莺莺嫁给谁。危难之时,张君瑞向好友武状元杜确求救,破解了围兵。没想到老夫人不守诺言,在酬谢席上以莺莺已许配给其侄郑恒为由,让张生与莺莺结为兄妹,并厚赠金帛,让张生另择佳偶。这使二人陷入无限的痛苦之中,张生也因此害了相思病。看到这些,丫环红娘帮助他们传递书简,安排他们相会。老夫人见阻止不力,又以"三辈儿不招白衣女婿"为由,让张生进京赶考,取得功名方可娶莺莺。

张生考取状元,写信向莺莺报喜。不料这时郑恒来到普救寺,捏造谎言说张生已被卫尚书招为佳婿。于是崔夫人让莺莺嫁给郑恒,并择吉日完婚。恰巧成亲之日,张生以河中府尹的身份归来,征西大元帅杜确也来祝贺。真相大白,郑恒羞愧难言,含恨自尽,张生与莺莺终成眷属。

《西厢记》中戏剧矛盾冲突的设计非常巧妙,是值得后人学习的典范。全剧以老夫人与莺莺、张生、红娘的矛盾为基本矛盾，表现家长与崔张的冲突，亦即封建势力和礼教叛逆者之间的矛盾；以莺莺、张生、红娘之间的矛盾为次要矛盾，由性格冲突推进剧情，刻画人物。这两组矛盾，形成了一主一辅两条线索，它们相互制约，起伏交错，推动着故事情节的发展。

《西厢记》有着深刻的思想内涵，它正面提出了"愿天下有情的都成了眷属"的主张，具有鲜明的反封建礼教和封建婚姻制度的主题。作品歌颂了以爱情为基础的结合，否定封建社会传统的婚姻方式。莺莺与张生门不当户不对，但他们之间真挚的感情冲破了封建门第观念。莺莺和张生实际上已把爱情置于功名利禄之上。张生为莺莺而停留，不去赶考；为了能与莺莺长相厮守，他被迫进京应试，得中之后，也还是对莺莺魂牵梦萦。莺莺长亭送别时叮嘱张生"此一行得官不得官，疾便回来"，她并不看重功名，认为"但得一个并头莲，煞强如状元及第"。《西厢记》虽然以功成名就和有情人终成眷属作为团圆结局，但全剧贯穿了重爱情、轻功名的思想，显示出王实甫思想的进步性。

《西厢记》最突出的成就是从根本上改变了《莺莺传》的主题思想和莺莺的悲剧结局，它把男女主人公塑造成对爱情坚贞不渝，敢于打破封建礼教的禁锢，并经过不懈的努力和坚持，终于得到美满结局的一对青年。这一改动，使剧本反封建倾向更加鲜明，突出了"愿普天下有情人都成眷属"的主题思想，表达了作者对封建婚姻制度的不满和反抗，以及对美好爱情理想的憧憬和追求。在艺术上，剧本通过错综复杂的戏剧冲突及曲折的故事情节，来完成莺莺、张生、红娘等艺术形象的塑造，使人物的性格特征鲜明生动，加强了作品的戏剧性。几百年来，这部作品曾深深地激励过无数青年男女的心。

163

秋风吹不散的情与愁

——《汉宫秋》

《汉宫秋》原名《破幽梦孤雁汉宫秋》，是元代戏曲家马致远早期的作品，也是马致远杂剧中最为著名的作品，写的是王昭君出塞和亲的故事。昭君美丽高洁、正直善良，千百年来，她的故事代代相传，家喻户晓。以昭君为题材的诗词、歌赋、戏曲、美术、影视、音乐等各类作品，数以千计。但是，由于种种复杂的社会背景和历史条件，这个故事在民间流传时，并不都是按正史记载的面目出现，而是随着时代的变迁和社会的发展，逐渐增添着新的内容。

马致远，大都（今北京）人，元代著名的杂剧家、散曲家，"元曲四大家"之一，有"曲状元"之誉，晚号"东篱"，以示效陶渊明之志。他的杂剧有15种，今存《汉宫秋》、《陈抟高卧》、《荐福碑》、《岳阳楼》、《青衫泪》、《任风子》6种，以及与人合作的《黄粱梦》。他的散曲作品被辑为《东篱乐府》传世，小令《天净沙·秋思》脍炙人口，被誉为"秋思之祖"。

马致远的《汉宫秋》是一出末本戏，以历史上昭君出塞的故事为题材，在历代笔记小说、文人诗篇和民间讲唱文学的基础上，发挥作者的主观能动性，确定

马致远雕像

创作意图,构思剧本情节,塑造人物形象。全剧围绕汉元帝和昭君的相识相恋到被迫分别这条线索展开,突出汉朝软弱无力、遭受异族欺压的状况。作者着重描写的是家国衰败之痛以及在乱世中失去美好生活而生发出的那种困惑、悲凉的人生感受。

马致远并未完全按照史实来布置剧情,而是发挥他的想象,构思出不同寻常的剧情。汉元帝因感寂寞而派毛延寿到民间选美,毛延寿则借此机会敛财。他向昭君索要钱财不得,便将昭君的美人图点破,使其退居深宫,不得见君王。昭君独处深宫,借一曲琵琶排遣幽怨,不想被汉元帝听见,二人终于相见。元帝惊叹昭君的美貌,问明原委后便要将毛延寿拿来斩首。毛延寿则潜逃至匈奴,并把昭君的美人图献给单于,让单于向汉元帝索要昭君做阏氏。匈奴单于中意于昭君,派使臣前来索要。若不答应,便兵戎相见。面对匈奴的欺压,满朝文武怯懦自私,不思御敌之策,反而一致认为昭君媚主误国,欲说服汉元帝让昭君出塞和亲。汉元帝虽贵为九五之尊,但在一群庸臣的劝诱下却软弱而无奈。面对朝廷中那些无能的庸才,昭君为免刀兵之灾,最终自愿请求出塞和亲。当行至番汉交界处的黑江边,昭君自沉黑江,舍身殉情。这保全了民族气节和对元帝的忠贞,又达到了匈奴与汉朝和好的目的。单于为避免汉朝寻事,将毛延寿送还汉朝处治。汉元帝夜里梦见昭君而惊醒,又听到孤雁哀鸣,伤痛不已,后将毛延寿斩首以祭奠昭君。

在《汉宫秋》中,作者别出心裁地把汉元帝作为全剧的主人公,并把发生这场爱情悲剧的根源,归结到他的身上。随着剧情的推进,作者逐步转换了汉元帝的感情色彩,让一个拥有佳丽三千的皇帝,更多地表现出普通人的情感愿望。这让人们看到,即使是身处万人之上的国君也有着无力主宰自己命运的悲哀和痛苦,从而引发人们对他更多的同情。幽深冷清的宫苑,与汉元帝落寞的心情相互映衬,淋漓尽致地抒写出一个空有尊贵名分却无法掌控自己命运的人内心的悲凉与哀伤。

剧中的王昭君与元帝一样,受到了命运的愚弄。她拥有才情和美貌,但却事事不如意。宫中选美,使她背井离乡;毛延寿弄权,使她沦落

冷宫；偶然间得到元帝恩宠，却又好景不长，被迫和亲；后来她又不肯受辱，投江自尽。她是乱臣贼子横行天下时代的牺牲品。毛延寿的恶行，匈奴的嚣张跋扈，汉朝文武官员的无能软弱，元帝的怯懦，使得她和元帝迟到的爱情又蒙上了一层悲剧色彩。他们的爱情已不是两个人的事，而是牵涉到国家与民族的存亡。昭君为维护国家利益，出塞和亲。她的以身殉难的悲壮之举，与"只凭佳人平定天下"的屈辱求和之举，形成了强烈的对比。在《汉宫秋》里，作者对昭君的形象虽着墨不多，但昭君既有对元帝的眷恋之情，又能以家国为重，毅然地"出塞和亲"，并不惜以身殉国。她的形象依然引人注目，我们能清楚地感受到作者对她的深切同情和高度赞扬。

在《汉宫秋》中，无论是汉元帝还是昭君，都无法左右自己的命运。在悲凉萧瑟的秋风里，逝者魂不散，生者徒悲伤。马致远年轻时颇有志于功名事业，但未曾得志。王昭君或许是马致远的自况，他在她身上寄托自己怀才不遇的情结，以及能得到主上知遇，忠君报国的愿望。在该剧中，元帝和昭君都无法掌控自己的命运；在剧外，作者本人也承受着无法掌控自己命运的痛苦和悲哀。在萧瑟清冷的秋风中，马致远围绕着元帝和昭君的爱情悲剧，向人们低诉着他对历史、对人生的体悟；抒发着自己无法主宰命运、只能任由人摆弄的悲哀。

糟糠之妻不下堂

——《琵琶记》

　　《琵琶记》是我国古代戏曲中的一部经典名著,被誉为"南戏之祖"。南戏,是南曲戏文的简称,亦称戏文、南词,是以南曲为唱腔的戏文。它最早在两宋交替之际出现于浙江温州(旧名永嘉),人们称之为"温州杂剧"、"永嘉戏曲"。其形式有别于北方杂剧,唱腔轻柔婉转。

　　《琵琶记》作者高明(1307—1359),字则诚,号菜根道人,浙江瑞安人。四十岁左右中了进士,做过多任地方官。后来隐居在宁波城东的栎社,以词曲自娱。《琵琶记》就是在这一时期写成的。另外,据徐渭《南词叙录》记载,高明还作有南戏《闵子骞单衣记》,今佚;诗文集《柔克斋集》共20卷,也散佚,今存50余篇。

　　《琵琶记》的前身是宋代戏文《赵贞女蔡二郎》。其情节大致写蔡二郎考中了状元后,贪恋功名利禄,抛弃父母妻子,入赘相府。其妻赵贞女在饥荒之年,独力支撑门户,赡养公婆,竭尽孝道。公婆死后,她以罗裙包土筑坟。之后身背琵琶,上京寻夫。可是蔡二郎不仅不肯相认,竟还放马踩踹,致使神天震怒。最后,蔡二郎被暴雷轰死。

　　《琵琶记》基本上继承了《赵贞女》的故事框架,保留了赵贞女的"有贞有烈",但对蔡伯喈的形象和故事的结局进行了重大改造,使故事人物、主题、内容都发生了改变。《琵琶记》中的赵五娘任劳任怨,尽心服侍公婆。饥荒年间,她让公婆吃米,自己则背着公婆自咽糟糠。蔡公、蔡婆去世后,无钱买棺材,五娘便剪下头发,沿街叫卖;无钱请人埋葬公婆,她便麻裙包土,自筑坟墓。而蔡伯喈在高明笔下,不再是贪

新弃旧、攀龙附凤的负心汉,而成为"全忠全孝"的正人君子。《琵琶记》删除《赵贞女》中马踏五娘、雷劈蔡二郎的相关情节,而代之以"三不从"等情节,即蔡伯喈欲留家中照顾父母而不去应试,父亲不从;高中状元后,皇上将其赐婚牛小姐,伯喈欲辞婚,牛丞相不从;他欲辞官回家照顾年迈父母,皇帝不从。这样,男主人公"生不能事,死不能葬,葬不能祭"的"三不孝"罪名,被彻底开脱,从而使一个背亲弃妇的势利小人转换成了一个"全忠全孝"的正人君子。蔡公、蔡婆去世后,赵五娘身背琵琶,沿路弹唱乞讨,往京城寻夫。经历一些波折之后,在牛氏的帮助下,得以夫妻团圆。伯喈上表辞官,携赵氏、牛氏同归故里,庐墓守孝。全戏以大团圆收场,原来的悲剧结局也变成了皆大欢喜的结局。

《琵琶记》是一部劝忠劝孝之作,也是一部思想内容极为丰富的主题多义之作。作品通过主人公悲欢离合的经历,反映了当时社会的现状。对于蔡伯喈的"三不孝",作者并不是肤浅地归咎于个人的道德品质,而是突出了社会力量的左右,强调蔡"三不孝逆天罪大",是因为无法抗拒来自封建社会的强大政治和精神压力,这就把主要责任推到了封建统治者和封建制度本身。这样一来,全剧便有了更广阔的思想意义。作品揭露了社会黑暗和罪恶,揭露了上至皇帝宰相、下至官府小吏甚至父母的昏庸,人们盲目地追求和屈服于功名利禄,致使宁静和谐的生活遭到破坏。同时,作品真实生动地描写了赵五娘一家的惨象,反映了人民尤其是妇女的苦难,表现了对广大人民的同情。在《琵琶记》里,作者歌颂了赵五娘的"有贞有烈",守礼行孝,但以更多的笔墨,揭露了封建社会和伦理纲常给女性带来的隐痛。

《琵琶记》无论是在思想内容上、人物形象上,还是在结构和语言方面,都有其独特之处,值得欣赏玩味。它是高度发达的中国抒情文学与戏剧艺术的结合,是一部优秀的剧作。《琵琶记》代表了南戏最高艺术成就。在元代,它是戏曲创作的殿军;对明、清两代而言,它是传奇的开山之祖。同时,《琵琶记》也是具有世界影响的古典戏曲之一,早在19

世纪,就先后有英、法、德和拉丁等语言选译和介绍;20 世纪 30 年代,还进入美国百老汇演出,颇受观众喜爱。这部作品意在宣扬贤孝,宣扬中华民族的优秀道德,即便是在今天也有很大的现实意义。

奸臣大开杀戒，义士勇保赵孤

——《赵氏孤儿》

2010 年岁末，著名导演陈凯歌执导的电影《赵氏孤儿》隆重上映。影片中，众星云集，以强烈的视觉效果重新演绎了这部著名的历史剧。

《赵氏孤儿》全名《冤报冤赵氏孤儿》，又名《赵氏孤儿大报仇》，其作者纪君祥，一名天祥，生平事迹不详。《赵氏孤儿》这部优秀的历史剧，是第一个传入欧洲的中国戏剧，王国维曾给予其很高的评价："即列于世界大悲剧之中，亦无愧也。"《赵氏孤儿》与《窦娥冤》、《长生殿》、《桃花扇》并称中国古典"四大悲剧"。主要剧情是春秋时晋国文臣赵盾一家被奸臣屠岸贾诬陷而惨遭灭门，幸存下来的赵氏孤儿赵武长大后为家族复仇的故事。相关历史事件的记载最早见于《左传》，情节较为简略，到司马迁《史记·赵世家》，刘向《新序》、《说苑》才有详细记载。

纪君祥从《左传》、《史记》等史籍取材，根据历代流传的程婴保存赵孤的故事，进行加工创造，写成了这部壮烈的悲剧。该剧中，晋灵公的武将屠岸贾凶恶残暴，他与忠诚正直的文官赵盾不和，又嫉妒赵盾之子赵朔身为驸马，故设计陷害赵家。他苦心孤诣地训练了一只神獒，欺骗灵公说神獒能识别出不忠不义之人。神獒经过屠岸贾的训练，认得赵盾的"紫

提线大戏《赵氏孤儿》

袍玉带,象简乌靴",直追咬赵盾。晋灵公昏聩不君,轻信屠岸贾,默许他惨无人道地屠杀赵府上下人丁共计三百余口。驸马赵朔也被屠岸贾逼迫自杀,只剩得怀有身孕的晋室公主。屠岸贾将公主囚禁在府中,等待着胎儿出世,以便斩草除根。不久,公主诞下一个小儿,也就是赵氏孤儿。屠岸贾命将军韩厥看守公主,严防紧守,以防有人将小儿盗走,等赵氏孤儿满月便将其处死。

程婴是个知恩图报的草泽医生,驸马赵朔的门客。公主被囚,他每日为公主传茶送饭。公主无他人可求,便将孤儿托付给程婴,请求他抚养孤儿成人,以为赵家报仇雪恨。托孤后,为了消除程婴对于泄密的担忧,公主便自缢而死。程婴将婴孩放入药箱,祈求能顺利将婴孩带出。不料出去时,被把守府门的韩厥发现婴孩。那韩厥深明大义,不贪图富贵,是个不怕死的忠臣义士,见程婴一腔正义,十分感佩,便放走了程婴和赵氏孤儿,拔剑自刎而死。屠岸贾得知赵氏孤儿被救出,气急败坏,便下令将晋国半岁之下、一月之上的小儿全部杀尽,违抗者杀全家诛九族,以除他心腹之患。程婴无法,想起中大夫公孙杵臼乃忠直之人,为保全赵家骨血和晋国所有无辜的同庚婴儿,便去与他商议策略。程婴决定献出自己的独子,以代替赵氏孤儿,并由自己承担"窝藏"的罪名,一起赴死;公孙杵臼则要求以年迈之躯代替程婴承担藏匿赵氏孤儿的罪名,让程婴出首揭发他收藏赵氏孤儿,并嘱托程婴抚育赵氏孤儿长大成人。二人商议妥当后,程婴向屠岸贾告发公孙杵臼,二人在屠岸贾面前谨慎地上演着"偷天换日"之计。狡诈的屠岸贾让程婴拷打公孙杵臼,以试其真伪,程婴为保住赵孤,无奈亲手拷打公孙杵臼。婴孩被搜出,屠岸贾当着程婴的面,亲手将假冒赵孤的程子剁为三段,程婴亲眼看着自己的亲生儿子被屠岸贾剁了三剑,心如刀绞,承担着常人无法承受的精神痛苦,却要装作面不改色。婴孩死后,公孙杵臼也撞阶而死。如此才骗过老奸巨猾的屠岸贾,救下全国婴孩。

终于,以牺牲晋公主、韩厥、公孙杵臼、程婴之子等人为代价,得以成功保全赵氏的最后血脉。

此后，屠岸贾将程婴认作是心腹之人，要程婴做了他的门客，并认了程婴之子程勃为义子。可他万万没有想到，他所认的义子便是那赵氏孤儿。程婴背负着丧子之痛、卖友求荣的恶名以及对屠岸贾的仇恨二十年，忍辱负重，终于将赵氏孤儿抚养成人。程婴将屠岸贾如何诬陷赵家，众位义士如何舍命救得赵氏孤儿的冤案始末，画成一个手卷，拿给程勃看。程婴为其讲明惨案原委，告诉他说他就是赵氏孤儿。赵氏孤儿悲痛不已，心中充满了仇恨。在晋国上卿魏绛的辅助下，他将屠岸贾凌迟处死，终于报了血海深仇。

《赵氏孤儿》一剧中，人物个性鲜明，剧情曲折多变，矛盾冲突尖锐。屠岸贾残暴冷酷，心狠手辣，是邪恶的化身。他为了个人私怨而杀害赵盾全家；为了搜捕赵氏孤儿而不惜下令杀死全国的同庚小儿，残忍行径令人发指。由于他得到昏君的宠信，掌握着大权，这使得程婴、公孙杵臼等人救护赵氏孤儿的行动尤为艰难，甚至要以牺牲生命和舍弃自己的后代为代价，这一来便形成了全剧惨烈悲壮的基调。程婴、韩厥、公孙杵臼等，尽管身份不同，地位有异，但他们都是大义凛然的忠贞义士，具有不畏强权、见义勇为、视死如归的崇高品格。他们自我牺牲的壮烈精神具有强烈的感染力，震撼着人们的心灵。

元杂剧《赵氏孤儿》非常典型地反映了中国悲剧那种前赴后继、不屈不挠地同邪恶势力斗争到底的抗争精神。奸臣屠岸贾的残暴狠毒与程婴、公孙杵臼等人冒死历险、慷慨赴义的自我牺牲精神构成了强烈的对比，那是正义与邪恶尖锐而激烈的争斗。作品描写了忠贞与奸邪的矛盾冲突，揭露了奸臣的凶残本质，歌颂了程婴等人为维护正义、舍己为人的高贵品格。本剧最后以除奸报仇结局，鲜明地表达了中国人民"善有善报，恶有恶报"的传统观念；表达了作者呼唤正义，讴歌为正义而献身的自我牺牲精神，并坚信正义必将战胜邪恶。这一点也是此剧广受欢迎、流传久远的重要原因。

实现知行合一

——《传习录》

  《传习录》是由我国明代著名的哲学家、宋明道学中心学一派的代表人物王守仁所撰写的一部语录和论学书信。"传习"一词源出《论语》中的"传不习乎"一语。

  王守仁（1472—1528），字伯安，又号王阳明，浙江余姚人。因筑室会稽阳明洞，自号阳明子，世称阳明先生。他28岁中进士后在京师任刑部云南清吏司主事、兵部武选清吏司主事，并主考山东乡试。后因弹劾宦官刘瑾，谪为贵州龙场驿丞。正德三年（1508年）时他发生重要的思想转变，以为圣人之道，吾性自足，于是背弃朱熹向外穷理的格物致知说，并在当地建立龙冈书院。贵州提学副使席书聘其主讲贵阳文明书院，他在此首次演讲知行合一说。不久，赦归为江西庐陵知县。

  此后，历任南京刑部、吏部清吏司主事，南京太仆寺少卿，鸿胪寺卿，都察院左佥都御史等职。正德八年（1513年）至滁州督马政，讲学规模渐大，一度强调静坐，要求就思虑萌动处省察克治。正德十一年（1516年），升任南赣佥都御史，奉命镇压赣南农民起义。在军事镇压取得成功后，强调思想统治，重视教化，提出"破山中贼易，破心中贼难"的思想，使赣南的统治秩序得到恢复。这期间他在赣县修建濂溪书院，刻印古本《大学》，印发《朱子晚年定论》，其弟子薛侃出版了《传习录》。正德十四年（1519年）他升任都察院右副都御史，六月，他奉旨督兵讨伐宁王宸濠在南昌发动的叛乱。他仅用35日即生擒宸濠。他从自己的经历中，总结了经验，提出"致良知"的学术宗旨，认为这是从百死千难中得

来,若信得这三字,譬之操舟得舵。王阳明 50 岁时升至南京兵部尚书,后退职回乡。晚年又总督两广军务,病死归途。遗著有《王文成公全书》38 卷。

《传习录》包含了王阳明的主要哲学思想,是研究王阳明思想及心学发展的重要资料。全书分为三卷,上卷经王阳明本人审阅;中卷里的书信出自王阳明亲笔,是他晚年的著述;下卷虽未经本人审阅,但较为具体地解说了他晚年的思想,并记载了王阳明提出的"四句教"。这四句话是:"无善无恶是心之体,有善有恶是意之动,知善知恶是良知,为善去恶是格物。"王阳明的本意是说,作为人心本体的至善是超经验界的,它不是

王阳明画像

具体的善的行为。有所为而为的善是手段,无所为而为的善才是至善。人心的至善超越世间具体的善恶。具体的善行只是无善而至善之心的自然发用流行。王阳明说人心之无善恶是要人们不要去执著具体的善行而认识本心。

王阳明继承了程颢和陆九渊的心学传统,并在陆九渊的基础上进一步批判了朱熹的理学。《传习录》中的思想明显地表现了这些立场和观点。"心即理"本来是陆九渊的命题,《传习录》对此作了发挥。王阳明批评朱熹的修养方法是去心外求理、求外事外物之合天理与至善。王阳明认为"至善是心之本体","心即理也,此心无私欲之蔽,即是天理,不须外面添一分"。他这样说是强调社会上的伦理规范之基础在于人心之至善。

朱子主张知先行后、行重知轻。王阳明提出的"知行合一"虽然继续了朱子重行的传统,但是也批判了朱子对"知行"的割裂。王阳明主

张"知行合一"乃是由心即理立基，批评朱子也是指出他根本上是析心与理为二。他说："外心以求理，此知行之所以二也。求理于吾心，此圣门知行合一之教。""知行合一"的含意是说知行是一件事的两个方面。知是心之本体的良知；良知充塞流行、发而为客观具体的行动或事物，就是行。由这个认识出发，如果知而不行那只是不知。知是行的主意，行是知的功夫。知行本是紧密相连的，因此有知行合一之说。在当时社会上、在理学发展中的确有知而不行的情况存在。王阳明的知行合一对时弊有纠偏的意义。但是他强调知行合一说不是仅仅针对时弊提出的，它首先是要说明"知行之本体"。"知行合一"说强调道德意识本来就存在于人心中，这是道德的自觉性。它也强调道德的实践性，认为道德方面的知不是关于对象的知识，而是道德的实现。

王阳明的"心即理"、"致良知"、"知行合一"都是要强调道德的自觉和主宰性。他说："知是理之灵处，就其主宰处说便谓之心，就其禀赋处说便谓之性。"人心能够知晓行为的善恶，也能自觉地去为善，这就是本心的"明觉"，这是对程颢思想的发展。《传习录》中对人心的"虚灵明觉"有很多讨论。若要全面正确地把握王阳明"心外无理"及其他学说，深入地研究他的这些讨论是十分必要的。正因为人心的本质是理，并且人能自觉意识到这种道德意识，所以人不需通过外物去认识本心之理，外物之理只是人心的表现。格致的工夫不是去认识外物，而是去掉本心的私欲之蔽。

《传习录》集中反映了王阳明的心性之学，在中国古代哲学史上有着重要的地位，直到今天都还有深刻的影响。

对抗儒家传统的惊世之作

——《焚书》、《续焚书》

　　《焚书》由我国明朝晚期著名思想家李贽撰写,可以说该书既是一部哲学著作,又是一部文学著作。《焚书》又称《李氏焚书》,共计6卷。他死后又由他的学生汪本轲编辑成集、刻于万历四十六年(1618 年)的《续焚书》,有5卷。这两书收录了这位著名思想家、文学家生前所写的书信、杂著、史评、诗文、读史短文等,两本书从不同程度上体现了他的政治思想和哲学思想,是研究李贽生平和思想的重要著作。

　　李贽,号卓吾,又号宏甫,别号温陵居士、百泉居士等,出生于公元1527 年,卒于公元 1602 年。李贽在社会价值导向方面,批判重农抑商思想,扬商贾功绩,倡导功利价值,符合明中后期资本主义萌芽的发展要求。《焚书》卷6 和《续焚书》卷 5 收集了李贽的很多诗歌,其中不乏精彩的篇章。我们可从中看出他义无反顾的斗争精神,又可察觉出他沉湎于佛经而产生的苦闷彷徨。

　　《焚书》包括"书答"、"杂述"、"读史"及诗歌几个部分,多角度反映了作者的政治、哲学及社会思想,是了解李贽思想学说的基本资料。李贽最痛恨

李贽像

维护封建礼教的假道学和那些满口仁义道德的卫道士、伪君子,他指斥那些所谓的道学家们:名心太重,回护太多。"实多恶也,而专谈志仁无恶;实偏私所好也,而专谈泛爱博爱;实执定己见也,而专谈不可自是。""及乎开口谈学,便说尔为自己,我为他人;尔为自私,我欲利他",实际上都是"读书而求高第,居官而求尊显",全是为自己打算,"无一厘为人谋者"(《焚书·答耿司寇》)。如此口是心非、言行不一的伪君子,反倒不如"市井小夫"与"力田作者"实实在在,干啥说啥。他还进一步指斥道学家们是一群道貌岸然的假道学,"阳为道学,阴为富贵,被服儒雅,行若狗彘(zhì,指猪)"(《续焚书·三教归儒说》)。李贽对程朱理学及卫道士们的揭露真可谓一针见血。

道学家满口仁义道德,实际上是借道学这块敲门砖,"以欺世获利",为自己谋取高官利禄,他们"口谈道德而心存高官,志在巨富"(《焚书·又与焦弱候》)。

李贽对统治阶级所极力推崇的孔孟之学也大加鞭挞。在《焚书·赞刘谐》及《续焚书》的《圣教小引》、《题孔子像于芝佛院》等文中,他以戏谑嘲讽的笔调贬低孔子,这在尊孔子为至圣先师的古代,真是一种大胆的举动。他认为孔子并非圣人,"虽孔夫子亦庸众人类也"(《焚书·答周柳塘》)。我们人人都可以成为圣人,又何必一定要去学孔子呢?孔子没什么了不起的,"耕稼陶渔之人即无不可取,则千圣万贤之善,独不可取乎?又何必专门学孔子而后为正脉也"(《焚书·答耿司寇》)。

这就把孔子从至高无上的圣人地位上拉下来了。如果一定要将孔子奉为偶像,言行举动都学孔子,那就是"丑妇之贱态"了(《焚书·何心隐论》)。李贽否认儒家的正统地位,否定孔孟学说是"道冠古今"的"万世至论",认为不能将其当作教条而随便套用。《六经》、《论语》、《孟子》"乃道学之口实,假人之渊薮"(《焚书·童心说》)。李贽对孔子及孔孟之道的批判确已达到了"非圣无法"的地步,难怪统治阶级对他要恨之入骨了。

对封建礼教压迫下的妇女,李贽给以深深的同情。他大声疾呼,为

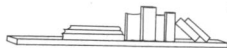

妇女鸣不平。在《焚书·答以女人学道为短见书》中，李贽批判了男子之见尽长、女子之见尽短的说法。他说："不可止以妇人之见为见短也。故谓人有男女则可，谓见有男女岂可乎？谓见有长短则可，谓男子之见尽长，女子之见尽短，又岂可乎？设使女人其身而男子其见，乐闻正论而知俗语之不足听，乐学出世而知浮世之不足恋，则恐当世男子视之，皆当羞愧流汗，不敢出声矣。"这是对传统封建礼教的尖锐挑战。

对封建统治者残酷压榨鱼肉人民的暴行，李贽加以无情揭露。他借汉宣城郡守封邵化虎食民的神话传说，指斥当权的官吏是"冠裳而吃人"的虎狼，"昔日虎伏草，今日虎坐衙。大则吞人畜，小不遗鱼虾"（《焚书·封使君》）。在《焚书》中，他还借评点《水浒》之机，发泄对现实政治的强烈不满。如何拯黎民于水火，探求一条益国利民的道路呢？李贽将目光投向了封建统治阶级上层，希望"有一个半个怜才者"出现，使"大力大贤"的有才之士"得以效用，彼必杀身图报，不肯忘恩"（《焚书·寒灯小话》）。

李贽哲学思想的形成经历了从唯物主义到主观唯心主义转化的过程。李贽主张宇宙的万物是由天地（最终是阴阳二气）所生，否定程朱理学理能生气、一能生二的客观唯心主义论断。李贽还认为，人们的道德、精神等现象存在于人们的物质生活中，"穿衣吃饭，即人伦物理"（《焚书·答邓石阳》），就是他提出的著名理论。这是带有朴素唯物主义的思想。李贽信奉佛教和王阳明的心学，所以，他的整个哲学体系的中心是主观唯心主义的。他认为"真心"、"童心"是最根本的概念，是万物的本源。自然界是"我妙明真心的一点物相"（《焚书·解经文》），没有"理"，没有物，世上一切物质和精神皆是只存在于"真心"之中。什么是真心呢？就是童心、初心，最初一念之本心，即不受外界影响的"我"的心。它们是主宰一切，产生诸相的本源，可称作"清净本源"。万事万物、山河大地就在一念之中，只是真心的显现物，是真心的因素和成分，如同水泡和大海中的海水的关系。这种观点，与陆王学派的"吾心便是宇宙，宇宙便是吾心"、禅宗的"万法尽在自心"是一脉相承的。

《焚书》、《续焚书》是李贽反对封建传统思想的力作。书中对儒家和程朱理学的大胆批判所表现的反传统、反权威、反教条精神,启迪与鼓舞了当时及后来的进步学者,对人们解放思想、摆脱封建传统思想的束缚产生了极大的影响,因而被统治阶级视为洪水猛兽。李贽也深知其见解为世所不容,故将著作名之为《焚书》,以后也果然于明、清二代多次遭焚烧,但却是屡焚屡刻,在民间广为流传。李贽不屈不挠的斗争精神也成为后世之楷模,"五四"时期进步的思想家把他当作反孔的先驱。"手辟洪蒙破混茫,浪翻古今是非场。通身是胆通身识,死后名多道益彰"(参考冯元仲《吊李卓吾先生墓诗》),正是对李贽与其思想影响的真实写照。

　　《焚书》、《续焚书》的锋芒指向中国数千年来一直占统治地位的儒家传统说教,向束缚人们思想的程朱理学提出大胆的怀疑和公开的批判,在中国哲学史、思想史上地位独特。

东方药物巨典

——《本草纲目》

　　《本草纲目》是我国明朝伟大的医药学家李时珍为了修改或更正古代医书中的错误而撰写的，他穷其毕生精力，亲历实践，广收博采，对我国医药学进行了全面的整理和总结，历时 29 年编撰而成。其对植物的科学分类，要比瑞典的分类学家林奈还早二百多年。

　　李时珍，字东璧，号濒湖，于公元 1518 年生于湖北蕲州东门外的瓦硝坝（现今湖北省蕲春县蕲州镇）。李时珍出身于三代相传的医户人家，祖父是一个医生，父亲李言闻，又名李月池，也是当地有名的医生，曾做过"太医吏目"。他不仅有丰富的临床经验，而且在医学理论上也有相当的造诣，后来

李时珍塑像

李时珍称赞自己的父亲在诊断疾病方面的知识是"精诣奥旨，浅学未能窥造"。据记载李言闻著有《四诊发明》、《艾叶传》、《人参传》、《痘疹证治》等。李时珍从小就在这种环境中熏陶、成长。

　　在封建社会里，医生的地位较为低微，常与"算命"、"卖卦"的人相

提并论,有时还遭到官僚、地主和豪绅们的欺压。这种思想在明代更为突出,当时还规定"医户"人家不能改行,这种轻视医生的社会风气,促使李言闻产生了改换行医地位的想法,决定让李时珍走仕途之路,从而取得一官半职,荣宗耀祖。因此,要求李时珍每天背诵《四书》《五经》,准备迎接科举考试。而三次乡试失败,再加上二十岁时一场差点使李时珍一命鸣呼的大病,即肺结核,促使李时珍立志学医。从 24 岁开始学医,李时珍白天跟父亲去看病,晚上,在油灯下熟读钻研《内经》《本草经》《伤寒杂病论》《脉经》等古典医学著作。

可以看出,李时珍是一个富有求实精神的医药家,为了完成修改本草书的艰巨任务,他几乎走遍了湖北、湖南、江西、安徽、江苏等地的名川大山,行程不下万里。同时,他又参阅了 800 多家书籍,历经 3 次修改编撰,终于在 61 岁(即 1578 年)的那年,《本草纲目》才大功告成。此后他的学生、儿子、孙子又对之不断修改和补充,使《本草纲目》更加完整,更加精美。因而可以说《本草纲目》耗尽了李时珍将近 30 年的心血,记录着他饱尝苦辛的艰难历程。

关于《本草纲目》这部书名的由来还有一段鲜为人知的故事。在公元 1578 年,年近六旬的李时珍完成了《本草纲目》,只可惜尚未确定书名。一天,他出诊归来,习惯地坐在桌前。当他一眼看到昨天读过的《通鉴纲目》还摆放在案头时,突然心中一动,立即提起笔来,蘸饱了墨汁,在洁白的书稿封面上写下了"本草纲目"四个苍劲有力的大字。他端详着,兴奋地自言自语道:"对,就叫《本草纲目》吧!"

令人感到惋惜和遗憾的是《本草纲目》编写后,李时珍希望早日出版,但却颇费周折。为了解决出版问题,70 多岁的李时珍,从武昌跑到当时出版业中心的南京,希望通过私商来解决。由于长年的辛苦劳累,李时珍终于病倒在床,病中嘱咐他的孩子们,将来把《本草纲目》献给朝廷,借助朝廷的力量传布于世。可惜李时珍还没有见到《本草纲目》的出版,就与世长辞了,这年(即公元 1593 年)他刚满 76 岁。

《本草纲目》不仅是我国一部药物学巨著,也不愧是我国古代的百

科全书。正如李建元《进本草纲目疏》中指出："上自坟典、下至传奇，凡有相关，靡不收采，虽命医书，实该物理。"同时还广泛涉及医学，药物学，生物学，矿物学，化学，环境与生物，遗传与变异等诸多科学领域；它在化学史上，也做出了卓越的贡献，譬如本书记载了蒸馏、结晶、升华、沉淀、干燥等现代化学中应用的一些操作方法；在天文学上，李时珍还指出，月球和地球一样，都是具有山河的天体，"窃谓月乃阴魂，其中婆娑者，山河之影尔"，不难看出，李时珍知识之渊博，学养之深厚。

从 17 世纪起，《本草纲目》陆续被译成日、德、英、法、俄等五国文字。1953 年出版的《中华人民共和国药典》，共收集 531 种现代药物和制剂，而其中采取《本草纲目》中的药物和制剂就达 100 种以上。英国生物学家达尔文将《本草纲目》称之为"1596 年的百科全书"！1956 年郭沫若以题词作纪念，写道："医中之圣，集中国药学之大成，本草纲目乃 1892 种药物说明，广罗博采，曾费三十年之殚精。造福生民，使多少人延年活命！伟哉夫子，将随民族生命永生。"2011 年 5 月，金陵版《本草纲目》入选世界记忆名录。

情至，生死可越

——《牡丹亭》

　　《牡丹亭》全名《牡丹亭还魂记》，共 2 卷 55 出，描写了大家闺秀杜丽娘和书生柳梦梅的生死之恋，创作于 1598 年，据明人话本《杜丽娘慕色还魂》而成。《牡丹亭》是明朝剧作家汤显祖的代表作之一，与他的《紫钗记》、《南柯记》、《邯郸记》合称为"临川四梦"或"玉茗堂四梦"。

　　汤显祖（1550—1616），字义仍，号海若，又号若士，晚年自号茧翁，自署清远道人，江西临川人。他是世界伟人之一，日本学者青木正儿在《中国近世戏曲史》中，将他和莎士比亚并称为东西方交相辉映的两颗明星，有"东方的莎士比亚"之称。

　　《牡丹亭》写了杜丽娘和柳梦梅生死不渝的爱情故事。贫寒书生柳梦梅梦见在一座花园的梅树下立着一位佳人，说同他有姻缘，从此经常思念她。南安太守杜宝的独生女杜丽娘，才貌双全，师从陈最良。一日，她游花园后，梦见与一名年轻书生相爱。醒后终日寻梦不得，愁闷消瘦。她在弥留之际要求母亲把她葬在花园的梅树下，嘱咐丫环春香将其画像藏在太湖石底。其父升任淮阳安抚使，委托陈最良葬女并修建"梅花庵观"。三年后，柳梦梅赴京应试，借宿梅花庵观中，在太湖石下拾得杜丽娘画像，发现杜丽娘就是他梦中见到的佳人。杜丽娘魂游后园，和柳梦梅再度相会。柳梦梅掘墓开棺，杜丽娘起死回生，两人结为夫妻，前往临安。陈最良看到杜丽娘的坟墓被挖掘，便告发柳梦梅盗墓之罪。柳梦梅应试后，受杜丽娘之托，送家信传报还魂喜讯，结果被杜宝囚禁。得知柳梦梅为新科状元之后，杜宝才将其放出，但始终不认其为女婿。事情最

终闹到金銮殿之上才得以解决,杜丽娘和柳梦梅二人终成眷属。

《牡丹亭》是中国戏曲史上的浪漫主义杰作。作品通过杜丽娘和柳梦梅生死离合的爱情故事,歌颂了男女青年在追求自由幸福的爱情生活上所作的不屈不挠的斗争,表达了作者挣脱封建牢笼、粉碎宋明理学枷锁,追求个性解放、向往理想生活的朦胧愿望。《牡丹亭》通过杜丽娘与柳梦梅的爱情婚姻,喊出了要求个性解放、爱情自由、婚姻自主的呼声,并且暴露了封建礼教对人们幸福生活和美好理想的摧残。作者让剧中的青年男女为了爱情,出生入死,除了浓厚浪漫主义色彩之外,更重要的是赋予了爱情能战胜一切,超越生死的巨大力量。

《牡丹亭》最突出的成就之一,无疑是为中国文学人物画廊提供了一个光辉的形象。杜丽娘是中国古典文学里继崔莺莺之后出现的最动人的妇女形象之一。杜丽娘性格中最大的特点是在追求爱情过程中表现出来的坚定执著。她为情而死,为情而生。她的死,既是当时现实社会中青年女子追求爱情的真实结果,同时也是她的一种超越现实束缚的手段。杜丽娘已经成为人们心中青春与美艳的化身、至情与纯情的偶像。

《牡丹亭》把浪漫主义手法引入传奇创作,通过作者离奇跌宕的幻想,以杜丽娘对理想的强烈追求贯穿全剧,使情节离奇,曲折多变,表现出激情驰骋、词采华丽的浪漫主义戏剧风格。作品在人物塑造方面注重发掘人物内心幽微细密的情感,赋予人物形象以鲜明的性格特征和深刻的文化内涵。作品语言浓丽华艳,意境深远,以文辞典丽著称,曲词兼用北曲泼辣动荡及南词婉转精丽的长处,具有奇巧、尖新、陡峭、纤细的语言风格。同时,全剧采用抒情诗的笔法倾泻人物的情感。奇幻与现实的紧密结合,强烈的主观精神追求,浓郁的抒情场面,典雅绚丽的曲文铺排,都体现出《牡丹亭》较为典型的浪漫主义风格和多重艺术魅力。

《牡丹亭》是汤显祖最著名的剧作,在思想和艺术方面都达到了其创作的最高水准。汤显祖是封建时代勇于冲破黑暗,打破牢笼,向往烂漫春光的先行者。作品中个性解放的思想影响非常深远,甚至连中国最伟大的长篇小说《红楼梦》都受到了它的影响。

中国 17 世纪的工艺百科全书

——《天工开物》

　　《天工开物》是我国明朝宋应星所撰写的一部综合性的科学技术著作,它也是世界上第一部关于农业和手工业生产的综合性著作,有人也称它是一部百科全书式的著作,外国学者称它为"中国 17 世纪的工艺百科全书"。全书分为上中下三篇 18 卷。并附有 123 幅插图,描绘了 130 多项生产技术和工具的名称、形状、工序。

　　宋应星(1587—1661),字长庚,江西奉新人。在万历四十三年(1615 年)他考中了举人,但以后五次进京会试均告失败。五次跋涉,见闻大增,他说:"为方万里中,何事何物不可闻。"他在田间、作坊调查到许多生产知识。他鄙弃那些"知其味而忘其源"的"纨绔子弟"与"经士之家"。在担任江西分宜县教谕(1638—1654)年间写成了《天工开物》,在崇祯十年(1637 年)由其朋友涂绍煃资助刊行。之后,他又出任福建汀州(今福建省长汀县)推官、亳州(今安徽省亳州)知府。除《天工开物》之外,宋应星还著有《野议》、《论气》、《谈天》等。

　　《天工开物》全书详细叙述了各种农作物和工业原料的种类、产地、生产

《天工开物》插图

中国名著甲乙丙

技术和工艺装备,以及一些生产组织经验。全书分上、中、下三卷,上卷记载了谷物豆麻的栽培和加工方法,蚕丝棉苎的纺织和染色技术,以及制盐、制糖工艺;中卷内容包括砖瓦、陶瓷的制作,车船的建造,金属的铸锻,煤炭、石灰、硫黄、白矾的开采和烧制,以及榨油、造纸方法等;下卷记述金属矿物的开采和冶炼,兵器的制造,颜料、酒曲的生产,以及珠玉的采集加工等。这些记载,既有大量确切的数据,又配有插图补充说明。

《天工开物》体现了作者重农、重工和注重实学的思想,其影响波及世界,先后传入日本、朝鲜等国。据不完全统计,截至1989年,《天工开物》一书在全世界发行了16个版本,印刷了38次之多。其中,国内(包括大陆和台湾)发行11版,印刷17次;日本发行了4版,印刷20次;欧美发行1版,印刷1次。这些国外的版本包括两个汉籍和刻本,两个日文全译本,以及两个英文本。

《天工开物》已经成为世界科学经典著作在各国流传,并受到高度评价。如法国的儒莲把《天工开物》称为"技术百科全书",英国的达尔文称之为"权威著作"。本世纪以来,日本学者三枝博音称此书是"中国有代表性的技术书",英国科学史家李约瑟博士则把《天工开物》的作者宋应星称为"中国的阿格里科拉"和"中国的狄德罗"。

读万卷书，行万里路

——《徐霞客游记》

在中国 17 世纪初有东南财赋地之称的江苏，一个二十岁左右的年轻人准备背起行囊，去实现他游遍大江南北的理想。而此时恰好是他父亲去世三年之际。三年服孝期已满，贤德的母亲早已获知儿子的想法，也认为好男儿志在四方，不愿让自己的儿子像篱笆里圈着的小鸡以及车辕上套着的小马一样，被这些传统的东西束缚而郁郁寡欢。尽管儿子大胆的想法确实让母亲非常担忧，母亲也非常清楚儿子这一去可谓前程尽毁，可是母亲却对他给予了极大的支持和鼓励。这对母子在这样一种完全充满未知的情况下作出了异常悲壮的抉择，而这个抉择注定将要在中华文化史上留下一幕幕华丽的篇章。

徐霞客像

这个年轻人就是徐霞客，他名弘祖（也作宏祖），字振之，别号霞客，他于万历十四年（既农历 1586 年，公元 1587 年 1 月）出生在南直隶江阴县（今江苏江阴市）南喝岐村（今日属于霞客镇），于公元 1641 年去世。徐霞客的家乡在当时被称之为"东南财赋地"的经济发达地区。徐霞客出身什宦世家、书香门第，他的曾祖和祖父曾经挂过虚职，但到了他的父亲徐有勉那一代，徐家已经家道中落了。其父又是个淡泊名利的人，他对仕途没有多大兴趣，也不喜欢和官场中的人结交，宁愿平静悠闲地在

乡间生活,这在一定程度上也影响了年幼的徐霞客。

年轻的徐霞客终于告别书斋生活,挣脱了仕途功名的束缚,开始实现儿时的梦想。他22岁就开始外出旅游,历经34年,直到生命结束为止。他先后游历了大半个中国,足迹遍于华东、华北、中南、西南。在漫长的旅途当中,徐霞客为了考察得准确、细致,大都步行前进。披星戴月、风餐露宿,对于所遇的险阻,他都以顽强的斗志去克服,而且无论身体多么疲惫、条件多么恶劣,他都每天坚持作日记,这些旅游日记记录了他的旅途经历、考察的情况以及心得体会,给后人留下了的宝贵的地理材料。

毫无疑问,徐霞客在游历过程中曾经多次遭遇险境,这已经远远超越了游玩的境界,而是彻彻底底的探险、冒险了。他的这种执著被现代的旅行家们称为"徐霞客精神",而徐霞客其人也成为那些富有冒险精神、探索精神的旅游爱好者们所推崇的对象。

他历经30余年的考察终于撰成了60万字的《徐霞客游记》,开辟了地理学上系统观察自然、描述自然的新方向;既是系统考察祖国地貌地质的地理名著,又是描绘华夏风景资源的旅游巨篇,同时还是文字优美的文学佳作,在国内外具有深远的影响。因而近年,世人将徐霞客称之为游圣。

《徐霞客游记》对于地理学家是一份珍贵的地理科学报告。对普通读者而言,它更像是一本旅游指南,书中那一片片壮阔辽远的风景,一座座高峻雄伟的山峰,似乎正在催动我们渴望冒险的心,在攀登中获得乐趣,在探索中寻觅真知。

英国科学家李约瑟在其《中国科学技术史》一书中说道,《徐霞客游记》读来并不像是十七世纪的学者所写的东西,倒像是一位二十世纪的野外勘测家所写的考察记录,该书也是世界上最早一部记载石灰岩地貌的著作,他比欧洲最早对石灰地貌进行考察和描述的爱士倍尔还早一百多年,比欧洲最早对石灰进行系统分类的瑙曼要早两百多年。

我们知道自2011年起,每年5月19日将被确定为"中国旅游日",而这一日即为《徐霞客游记》开篇的日期。

积三十余年，乃成一篇
——《日知录》

　　明万历四十一年（公元 1613 年），那是一个动荡年代的前夜。外有满族崛起于东北，大有叩关南下之势；内有李自成农民起义如火如荼，席卷中原大地，明朝统治已经是山雨欲来风满楼了。就在这年的五月，顾炎武生于江苏昆山的一个小镇。清兵南下，为敬仰南宋民族英雄文天祥的门生王炎午的忠贞品格，他更名炎武。顾炎武性情耿介，很有志向，在青少年岁月里他广泛接触当时的名士大儒，讲学论道以天下为己任，年轻时候的他就认识到科场应试无足轻重，用心研学实用之学，可以说顾炎武的一生真正做到了"读万卷书，行万里路"。他的《日知录》、《昌平山水记》、《山东考古录》等著作都是实地考察和书本知识相互参证，认真分析研究以后写成的。

　　《日知录》是顾炎武从青年时代开始积累资料，花了 30 多年心血完成的读书笔记，集中反映了顾炎武的学术思想。全书共三十二卷，其内容囊括了经义、史学、官方、吏治、财赋、典礼、舆地、艺文等方面。关于写作此书的目的，顾炎武本人说得很明白，他说："别著《日知录》，上篇经术，中篇治道，下篇博闻，共三十余卷。有王者起，将以见诸行事，以跻斯世于治古之隆。"撰写《日知录》，"意在拨乱涤污，法古用夏，启多闻于来学，待一治于后王"。这说明，《日知录》是寄托作者经世思想的一部书，内容概括为三类：经术、治道、博闻，而核心则是"治道"。《日知录》是一部经年累月、积金琢玉撰成的大型学术札记，书名取之于《论语》。子夏曰："日知其所亡，月无忘其所能，可谓好学也已。"（每天知道自己失去

了什么,月内忘不了自己学的东西,算得上好学的人)如潘耒写道:"先生非一世之人,此书非一世之书。"他是个给他的当代以及后代留下了多方面深刻影响的人,他的书也是如此,不仅是为了当代,而且为了千秋万代的利益。

《日知录》的主要思想集中体现于经世致用。所谓经世致用实际上指的是学以致用,学用结合,其思想源自于儒家积极入世之精神。明末清初,经世致用之学因为有顾炎武,黄宗羲、王夫之等人的提倡,蔚为大观,这些学者有感于明朝灭亡的历史教训,深切意识到徒讲义里的书生不研究社会现实问题给国家民族造成的巨大灾难,因而大力提倡经世致用之学。

顾炎武提出了社会风气的好坏决定社会兴衰的观点,他说:"目击世趋,方知治乱之关,必在人心风俗"。他认为"风俗衰"是乱之源,并列举大量事例,说明奢靡浮华的社会风气,是导致国家衰亡的重要原因。他认为评价君主的功绩首先要看社会风气:"论世而不考其风俗,无以明人主之功"。他不但从政治上提出了整顿"人心风俗"的具体措施,如重流品、崇厚抑浮、贵廉、提倡耿介和俭约等,还从经济上分析了"人心风俗"败坏的原因,认为要使风俗变好,必须有让百姓安居乐业的物质条件:"今将静百姓之心而改其行,必在治民之产,使之甘其食,美其服,而后教化可行,风俗可善乎!"除正面倡导培养人心风俗、加强礼治,他还强调法制,主张严惩败坏世风的贪官奸臣,说:"法不立,诛不必,而欲为吏者之勿贪,不可得也。"顾炎武在学术研究上注重收集第一手资料,在治学上严谨扎实,堪称楷模。这在《日知录》中表现得尤其突出。他这种研究学问的态度和方法是对明朝空疏学风的反对,对清代学风的转变与形成具有重要的作用。梁启超说:"论清学开山之祖,舍亭林没有第二人。"

博览世态人情，发掘幽默潜质

——《笑林广记》

中国有笑话书的历史由来已久，但集大成者可说非《笑林广记》莫属。此书由清代署名"游戏主人"收集而成。《笑林广记》可算是严格意义上的笑话集，语言风趣，文字简练隽秀，表现手法也十分成熟。此书分十二部，每部皆有其独特主题。一古艳（官职科名等）、二腐流、三术业、四形体、五殊禀（痴呆善忘等）、六闺风、七世讳（帮闲娼优等）、八僧道、九贪吝、十贫窭、十一讥刺、十二谬误。而这种分类的方式并非绝对的，只是为了整理并将搜集到的资料加以归类罢了。

据说，作者为清朝仕途失意文人李笑远（今属青岛市平度蓼兰镇韩丘村）。李笑远父家富庶，自古书香门第世家，颇具才气，与同时期邻村张志，为平度远近闻名之两大才子。自古文人相轻，民间两人斗气之事亦颇为可乐！李笑远，才气逼人，然仕途不平，多次科考均被排挤替下，一气之下，郁郁家中，大骂天下人，以解不时之气。纵观全书，天下人皆被其骂，仅其母未有所提，笑远曰，母孕十月，以命生余，不可不敬。

《笑林广记》其素材，多取自明清笑话集，或编者自行撰稿。在形式上，以短小精悍者为主。与时下普遍的数百字至千字左右的作品相比较而言有所差异，与一般笑话书略有不同。全书对于芸芸众生里常见的贪淫、鄙吝、虚伪、昏昧、失言、惧内等现象，多所嘲讽。对于某些生理有缺陷者，也不忘挖苦戏弄。整体而言，虽难免有不够厚道之讥，但其题材为各种人、事、物之现象，因此具有扣紧社会脉动，呈现民间风俗的功能，故颇能反映世情，振聋发聩，值得玩味。书中虽偶有涉及黄色笑话，但皆乐

而不淫,聊博一粲而已。除此以外,此书对世态人情亦之讥讽,妙趣横生,令人忍俊不禁。特别在现今这个社会里,生活紧张、压力繁重,若多看些有趣的笑话,令人生多一些欢笑,亦未尝不是一件好事。

该书中大部分作品抓住了生活中某丑恶现象的本质,深入揭露,一针见血。刻画人物大多用夸张手法,文字简练生动,语言锋利,风趣幽默,结构精巧,具有很强的喜剧效果,这不得不归功于它们娴熟的表现手法,即充溢其中的夸张、幽默、滑稽与诙谐等元素。世情笑话是数量最多的一类,在《笑林广记》中占了十之七八,这里的"世情",指的是平民社会中的人情世故,这部分作品涵盖了世俗生活的各个方面——家庭生活、社会风貌等,批判了人性中的卑劣之处和社会中各种不良风气,如懒惰、吝啬、惧内、行贿……可以说人生世相百态尽在其中。

《笑林广记》是一部流传久远、影响深广的通俗笑话总集,语言风趣幽默,文字简练生动,形式短小精悍,堪称中国古代文化宝库中的旷世奇珍。此书作者虽然署名清代"游戏主人",但其内容并非一人一世所作,而是广大劳动者集体智慧的结晶。

成一家之言的又一史著

——《文史通义》

　　《文史通义》是由我国清代著名学者章学诚撰写的一部史学理论著作,该书与刘知几的《史通》一直被视作中国古代史学理论的双璧。章学诚在这部书中提出了"经世致用"、"六经皆史"、"做史贵知其意"和"史德"等著名论断,建立了自己的史学理论体系;同时还在总结前人修志经验的基础上,提出了"志属信史"、"三书"、"四体"、"方志辨体"和建议州县"特立志科"等重要观点,建立了方志理论体系,创立了方志学,从而奠定了章学诚在清代史学上的重要地位。

　　章学诚,字实斋,号少岩,出生于公元 1738年,卒于公元 1801 年,浙江会稽(今绍兴市)人,是我国封建社会晚期一位杰出的史学评论家。《文史通义》是章学诚对史学贡献最大的著作。他 35岁开始撰写此书,并立下要"成一家之言"的宏伟目标。此书分内篇、外篇和杂篇三部分。其中《浙东学术》一篇,成于逝世前一年。可见该书撰述几乎历 30 年之久。严格地说,直到逝世,全书并未完成,像很重要的《圆通》、《春秋》等篇,虽早有计划,终未撰成。而今天人们看到的也仅是内外两篇。由于该书无严格义例,而全书在作者生前既未最后定稿,又未排定篇目,为后人留下难题。作者生前曾讲过,想在去世前对自己著作加以整理,

章学诚画像

中国名著甲乙丙

最后审录定稿,但未能如愿,临终前数月,只得将全部文稿委托友人王宗炎代为校定。现今流传的刘氏嘉业堂刻《章氏遗书》,就是依据王氏所编之目加以补订刊行的。章氏次子华绂对此书编排并不满意,所以于道光十二年(1832)在开封另行编印了"大梁本"《文史通义》,并在序中说,王氏所编之目并不符合其先人之意。后来流传的《文史通义》,主要就是《章氏遗书》本和"大梁本"两种,而以后者流传最广。

《文史通义》是一部纵论文史,品评古今学术著作。它不仅是史学园地里的奇葩,而且也是文学批评园地里不可多得的佳作。此书要为著作之林校雠(chóu)得失,品藻流别,进而讨论笔削大旨,故皆用辩驳评论的体裁为写作方法,而其中心则侧重于史。由于它是"文"、"史"通义,综合讨论文史理论问题,因而其内容就不像《史通》主要论史,《文心雕龙》主要论文那么单一。除部分篇目是分别论述文史外,好多都是文史兼论。所以要严格划分哪些是专门论文,哪些是专门论史,是比较困难的。事实上除评论文史之外,还有许多篇属于哲学范畴,反映作者对客观世界的看法。正因为全书内容比较庞杂,因而有的学者把它看作是一部学术史,这是不太确切的。

章学诚在学术贡献上最能体现其"成一家之言"精神的有三个方面:一是史学理论上的突破,二是方志学的奠基,三是校雠学的系统与完善。而一、二两大方面的内容则全在《文史通义》之中。他那丰富的史学理论,在许多方面都确实做到了后来居上,而这许多方面也确实超过了刘知几。

首先,重视史义的研究,并从理论上强调其重要性,这在古代史家当中章学诚是第一人。孔子作《春秋》,记齐桓、晋文争霸之事,通过事实体现孔子的观点和目的。孔子也曾讲过通过史事实现史义,但并未作理论上的论述。杰出史学评论家刘知几的论述重点则是历史编纂学的史学方法论,因而理论上论述史义的重要任务便落在章氏身上。正如他自己所言:"刘言史法,吾言史意;刘议馆局纂修,吾议一家著述。"(《文史通义新编》外篇三,《家书》二)他所以要重视史义,是因为"史所贵者义也,而所具者事也,所凭者文也。"(同上书内篇五《史德》)他认为事是对历史事实的记载,文则是观点与事实的表现形式,而观点又是反映作史者的政治主张与政治立场,因此,"史义"的重要就可想而知了。史家编写历史,必须用明确的观点记载历史,总结经验。

其次,提出史家必须具备史德,刘知几提出良史必备才、学、识三长,千百年来一直成为衡量优秀史家标准,章氏在《史德》篇中对此首先加以肯定,又指出根据他的研究,单具"三长"还不足以称良史,作为史家,还必须具备"史德"。什么是"史德"? 就是著书者之心术,指史家作史,能否忠实于客观事实,做到"善恶必书,务求公正"的一种品德。他说:"史之义出于天,而史之文不能不籍人力以成之","故曰心术不可不慎也。"(同上书内篇五《史德》)特别是"慎辨于天人之际,尽其天而不益以人"的要求把我国古代史学领域"据事直书"传统发展到一个新的阶段。这个新的杰出思想,正是对古往今来历史经验的大总结。

第三,对"六经皆史"思想的大发挥。"六经皆史"说不是章氏首先提出,但他对这一思想发挥得最全面、最彻底。他指出《六经》原来也都是先王治国平天下的道理,况且古代并无经史之分,把儒家六部著作推上神圣经书宝座,那是汉武帝独尊儒术以后之事,从此《六经》就成为封建统治者统治人民的思想基础。

第四,为我国方志学奠基。该书外篇四至六都是方志论文。章氏虽长于史学,但从未得到清政府的重用。因此他把自己的史学理论,用于编修方志的实践中。编修方志在他一生活动中占有相当重要地位,并使他成为方志学建立的极其重要人物。梁启超把他誉为我国"方志之祖"、"方志之圣"。80 年代全国修志热潮兴起后,他的方志学说还被用来当作启蒙理论学习,《文史通义》也成为非谈不可、非读不行的热门了。

但该书内容庞杂,结构松弛,又缺少中心议题,各篇之间可以说互不关联,这也许是因为作者一生生活极不安定,全部著作几乎都写于"车尘马足之间"的缘故。

浮生若梦，为欢几何

——《浮生六记》

　　《浮生六记》是由我国清朝学者沈复撰写的一部自传体散文，约成书于嘉庆十三年（1808）。"浮生"二字典出李白诗《春夜宴从弟桃李园序》中"夫天地者，万物之逆旅也；光阴者，百代之过客也。而浮生若梦，为欢几何？"

　　沈复（1763—1825），字三白，号梅逸，长洲（现在江苏苏州）人，工诗画。至今未发现有关他生平的文字记载。据其所著的《浮生六记》来看，他出身于幕僚家庭，没有参加过科举考试，曾以卖画维持生计。他与妻子陈芸志趣投合，情感深厚，愿意过一种布衣素食而从事艺术的生活，但因封建礼教的压迫和贫苦生活的磨难，理想终未实现。其妻死后，他去四川充幕僚，此后情况不明。

　　《浮生六记》是一部水平极高、影响颇大的自传体随笔，在清代笔记体文学中占有相当重要的位置。该书以作者夫妇生活为主线，记载了平凡而又充满情趣的居家生活及浪游各地的所见所闻，文字清新真率，无雕琢藻饰痕迹。

　　该书的特点在于真纯率真，独抒性灵，不拘格套，富有创造性。这种创造性，首先体现在其题材和描写对象上。在书中，作者以深情直率的笔调叙了夫妻闺房之乐，写出了夫妻间至诚至爱的真情。在中国文学史上，描写情爱的诗文很多，但大多或写宫廷艳史，或写权势礼法淫威下的爱情悲剧，或写风尘知己及少男少女之间的缠绵，很少涉及夫妻之情。《浮生六记》则弥补了这方面的不足。别具慧眼的陈寅恪指出："吾国文学，自来以礼法顾忌之故，不敢多言男女间关系，而于正式男女关系如夫妇者，尤少涉及。盖闺房燕昵之情意，家庭米盐之琐屑，大抵不列于篇章，惟以笼统之词，概括言之而已。此后来沈三白《浮生六记》之《闺房记乐》，所以为例外创作。"

　　1936 年林语堂将《浮生六记》四篇翻译成英文，分期连载于《天下》月刊，后来又出版汉英对照单行本，并作了长篇序言。林语堂在序言中写道"芸，我想，是中国文学上一个最可爱的女人。"还猜想"在苏州家藏或旧书铺一定还有一本全本"。过后不久苏州冷摊上便出现"全抄本"，有卷五、卷六，实为后人伪作。

道德文章冠冕一代

——《曾国藩家书》

　　《曾国藩家书》是曾国藩的书信集,成书于清咸丰年间(即 19 世纪中叶),记录了曾国藩在清道光三十年至同治十年前后达 30 年的翰苑和从武生涯,收入书信近 1500 封。所涉及的内容极为广泛,是曾国藩一生的主要活动和其治政、治家、治学之道的生动反映。曾氏家书行文从容镇定,形式自由,随想而到,挥笔自如,在平淡家常中孕育真知良言,具有极强的说服力和感召力。尽管曾氏留传下来的著作不多,但仅就一部家书中可以体现他的学识造诣和道德修养,从而赢得了"道德文章冠冕一代"的称誉,并成为中国封建社会最后一尊精神偶像。

　　曾国藩,一位叱咤风云的人物,也是一位毁誉参半的人物。他组建湘军,振兴清廷军政,被尊为中兴第一名臣;他效法泰西,力主富国强兵,向称洋务运动先驱;他义理考据,成就斐然,公推天下文章领袖;他杀人如麻,"刽子手"、"曾剃头",生前令人闻名丧胆;他割地求和,"大汉奸"、"卖国贼",身后骂声仍不绝。

　　曾国藩,号涤生,谥文正,湖南湘乡人(今双峰县荷叶镇),1811 年 11 月 26 日出生在一个偏僻山村的地主家庭里。曾国藩有兄弟 5 人,他排行老大,家中对他

曾国藩像

们兄弟严加管教,希望他们能光宗耀祖。曾国藩的祖父自幼教育他们"君子在下则排一方之难,在上则息万物之嚣","人以懦弱无刚为大耻,故男儿自立,必须有倔强之气"。曾国藩从小发愤图强,6岁入塾读书,8岁随父学"五经",14岁应童子试,22岁考取秀才,28岁中进士。初授翰林院检讨,1846年充文渊阁直学士,次年升内阁学士兼礼部侍郎衔。曾国藩少年得志,官运亨通,10年之中连升10级,官至二品。他能获得这么快的擢升,关键在于他刻苦修身。

他受儒家思想影响很深,从不放弃自己的品德修养,至其年衰,政治思想成熟,也不放弃对自己的行为进行反省和自责。他的一生是"修身、齐家、治国、平天下"的真实写照。曾国藩立志求学,要求极严,抱负很高。他曾对4位弟弟说:"不能不趁30以前立志猛进也",读书讲究"志、识、恒,有志则断不甘为下流,有识则知学问无尽,不敢以一得自足,如河伯观海,如井蛙窥天,皆无识也,有恒则断无不成之事。"曾国藩极重择师交友,立志向圣贤看齐。他在诗中写道:"莫言书生终龌龊,万一雏卵变蛟龙。"曾国藩在其志向的激励之下,终生勤俭谨慎,学修不断。因此,当清国镇压太平军起义屡遭败北时,他创立的湘军却能扭转败局,取得军事上的胜利。清政府称他是"学本有源,器成远大,忠诚体国,节劲凌霜",赞扬他是"中兴第一名臣"。

在极重"立德、立功、立言"的湖湘学派中,曾国藩既是一名推波助澜者,又是一位成功的佼佼者,因而青年毛泽东在1917年致黎锦熙的长信中写道:"愚于近人,独服曾文正,观其收拾洪杨一役,完满无缺。"这里,毛泽东服气曾国藩就是服他是位"大本大源"、倡学促教、陶铸人心的学者和政治家。蒋介石更是把曾国藩奉为终生学习的楷模,在其任黄埔军校校长时,就把《曾胡兵书》列为必修课目。他还经常向儿子蒋经国讲述他学习曾国藩的心得体会,一再叮嘱蒋经国要终生学习研究《曾国藩家书》。曾国藩击败太平军,是他一生事业的顶峰。他一生的转折点是处理"天津教案"。他卑颜屈膝,为洋人卖力,最后在国人的讥骂声中感觉到"天津教案"是"外惭清议,内疚神明,为一生之憾事"。近代著

名革命家章太炎对他作了比较客观的评价："誉之则为圣相,谳之则为元凶。"

曾国藩早年致力学问,其学术研究从历史、古文到书法、理学以及各种典章制度。他渴望多做学问,与当朝大学问家梅曾亮、何绍基等名士媲美,但他最终没有成为一位著述丰富的大学者,主要原因是他还来不及著书立说,就已升至二品高官,从此忙于官场之争,再后来投身于戎马征战之中,使他不可能固守书苑,一心研究学问。

《曾国藩家书》记述了曾国藩一生的主要活动和他从政、治家、治学、治军的主要思想,其内容包括了修身、教子、持家、交友、用人、处世、理财、治学、治军、为政等方面,这些家书真实而又细密,平常而又深入,是一部真实而又生动的生活宝鉴,是后人研究曾国藩思想的宝贵资料。

曾国藩在攻克天京后,权势极大,功高震主,清政府对其极不放心。咸丰帝曾在湘军克复武汉时叹道:"去了半个洪秀全,来了一个曾国藩。"曾国藩具有丰富的政治经验和历史知识,熟悉历代掌故,因而在击败太平天国后一方面自裁湘军,一方面把家书刊行问世,借以表明自己忠心为清廷效命,以塞弄臣之口。《曾国藩家书》自时起便风靡流行,历久不衰。

《曾国藩家书》可谓句句妙语,讲求人生理想、精神境界和道德修养,是为人处世的金玉良言,在现代社会里,也是值得我们借鉴的。

清帝国的丧钟

——《盛世危言》

　　《盛世危言》是我国清朝学者郑观应撰写的,创作于光绪二十年(1894年)。全书围绕着"富强救国"的主题,对政治、经济、外交、文化、军事等诸方面的改革提出了切实可行的方案,在当时是给甲午战败以后沮丧、迷茫的晚清末世开出了一帖拯危于安的良药。

　　《盛世危言》是中国思想界中一部较早地认真考虑从传统社会向现代社会转变的著作。就其对当时许多问题的思考,百年之后仍然不能抹杀其具有现实意义的光辉。该书是一个全面系统地学习西方社会的纲领,它不讳言中国在社会生活的许多方面落后于西方。提出了从政治、经济、教育、舆论、司法等多方面对中国社会进行改造的方案。在政治上不但提出了建立议会式的立宪政体,而且提出了将政治公开于传媒,由朝野各方评论,这样才可能使施政臻于完善;在经济上,郑氏主张由民间组建工商业团体,大力发展现代工业;在教育上,从基础教育到高等教育都有新见解;在司法上,他指出了中国的法律和法律的运用无不体现了黑暗与残暴,所以须得向西方学习,他说"西人每论中国用刑残忍,不若外国宽严有制,故不得不舍中而言外,取外而酌中"。

　　郑观应(1842—1922),本名官应,字正翔,号陶斋,别号杞忧生、慕雍山人、待鹤山人,广东香山(今中山)人。他的父亲郑文瑞是一个无功名的读书人,在家乡设帐授徒,并督促郑观应习帖括之学。咸丰八年(1858年),他应童子试未中,即奉父命远游上海,弃学从商,在任上海新德洋行买办的叔父郑廷江处"供走奔之劳"。次年,由亲友介绍进入上

海英商宝顺洋行任职。同年冬,被派赴天津考察商务。咸丰十年(1860年)返回上海后掌管洋行的丝楼,并兼管轮船揽载事项,同时进入英国人傅兰雅所办的英华书馆夜校学习英语,并对西方政治、经济方面的知识产生了浓厚兴趣。民国以后,郑观应主要精力用于办教育,并兼招商局公学住校董事、主任、上海商务中学名誉董事等职。1921 年 4 月,郑观应致书招商局董事会,请求辞职退休。一年后,病逝于上海提篮桥招商公学宿舍。

《盛世危言》问世之时,正值中日"甲午战争"一触即发之际,国内的民族危机感极重,该书出版后随即轰动社会,以极快的速度传播。据说《盛世危言》亦曾呈给光绪帝,光绪帝下旨"饬总署刷印二千部,分送臣工阅看"。该著作被当时人称为"医国之灵枢金匮",推动洋务运动的张之洞亦评"上而以此辅世,可为良药之方;下而以此储才,可作金针之度"。由此,可窥见该书对治理国家之价值。《盛世危言》乃中日"甲午战争"前著名的政治改良论著。

郑观应和《盛世危言》影响的著名人士包括康有为、梁启超、孙中山、毛泽东等。埃德加·斯诺的《西行漫记》记述毛泽东在 1936 年曾回忆自己青年时阅读该书的感想:"这本书我非常喜欢。作者是一位老派改良主义学者,以为中国之所以弱,在于缺乏西洋的器械——铁路、电话、电报、轮船。"尽管这一自述常被引用,作为《盛世危言》在近代中国影响深远的例证。但是,如果斯诺记载无误的话,那么,13 岁的毛泽东其实并未读懂《盛世危言》。与少年毛泽东的理解恰恰相反,作者郑观应对晚清改革专注于引进西方的"铁路、电话、电报、轮船"其实持批判态度。郑氏急于要引进中国的,不是技术,而是制度,具体而言,是议会民主制度。同时,《盛世危言》所提出的革新观念和"以商立国"的商战理论,对中国近代思想史及商业发展产生了深远的影响。

人生易度，"三境"难得
——《人间词话》

　　《人间词话》是近代王国维所撰的一部词论专著。王国维（1877—1927），字静安，晚号观堂，浙江海宁人。他是我国近、现代相交时期的著名学者、文论家，生平治经史、古文字、兼及文学批评，均有很深的造诣，诗词文也精致工巧。1925 年，王国维受聘任清华研究院导师，教授古史新证、尚书、说文等，他与梁启超、陈寅恪、赵元任、李济是被称为"五星聚奎"的清华五大导师，桃李门生、私淑弟子遍充几代中国史学界。1927 年 6 月，国民革命军北上时，王国维留下"经此世变，义无再辱"的遗书，投颐和园昆明湖自尽。

　　《人间词话》是一部文学批评著作，在中国近代文学批评史上占有相当重要的地位，影响很大。它将中国古典文论和西方哲学、美学熔于一炉，而以发挥前者为主，建立起自己的一套文艺理论体系。他在探求历代词人创作得失的基础上，结合自己艺术鉴赏和艺术创作的切身经验，提出了"境界说"。"词以境界为最上"，这是此书理论的核心思想。"境界说"统领其他论点，又是全书的脉络，沟通全部主张。王国维不仅把它视为创作原则，也把它当作批评标准。王国维论断诗词的演变，评价词人的得失，作品的优劣，词品的高低，均从"境界"出发。因此，"境界"说既是王国维文艺批评的出发点，又是其文艺思想的总归宿。王国维主张词要写得真切自然，并且要有格调、气象、感情、韵味等。因此，作品还进一步提出和论述了写境与造境、有我之境与无我之境、景语与情语、隔与不隔，以及对宇宙人生的"入乎其内"与"出乎其外"等内容；广

泛接触到写实与理想化的关系、创作中主观与客观的关系、景与情的关系、表现上的白描与"务文字之巧"的关系,以及作家观察事物与表现事物的关系等文艺创作中带有规律性的问题。同时,在作家修养、创作方法、写作技巧等方面,也有精辟独到的见解。《人间词话》将一些新的观念、新的方法,融入传统的词话形式和传统的概念、术语、思维之中,总结出了具有普遍意义的理论问题,这在当时使人耳目一新,在今天也有非常重要的参考价值。

王国维在接受了西方美学思想的洗礼后,他试图把西方美学,文学理论融于中国传统美学和文学理论中,构成新的美学和文学理论体系,以崭新的眼光对中国旧文学进行评论。表面上看,《人间词话》与中国相袭已久的诗话、词话一类作品的体例、格式并无显著的差别。实际上,它已初具理论体系,在之前的诗词论著中,称得上是一部首屈一指的作品。甚至在以往词论界里,许多人把它奉为圭臬,把它的论点作为词学、美学的根据,影响很是深远。从某种意义上说,王国维既集中国古典美学和文学理论之大成,又开中国现代美学和文学理论之先河。在中国美学和文学思想史上,他是从古代向现代过渡的桥梁,起到了承上启下,继往开来的作用。

《人间词话》这部文学评论,自出版后就被认为是读书人的必读书,极受学术界重视。作品采用传统评点式的词话形式,语言精练,意味隽永,缀以词家名句,本身就是文学佳作。它集中体现了王国维的文学、美学思想,是中国古典文艺美学史上里程碑式的重要作品。王国维说:"古今之成大事业、大学问者,必经过三种之境界。'昨夜西风凋碧树,独上高楼,望尽天涯路',此第一境也。'衣带渐宽终不悔,为伊消得人憔悴',此第二境也。'众里寻他千百度,蓦然回首,那人却在灯火阑珊处',此第三境也。"毋庸置疑,王国维便是经历过这三种境界的成大事业、大学问者。

图书在版编目(CIP)数据

中国名著甲乙丙／闫帮仁编著. —贵阳：贵州人
民出版社，2013.9(2021.3 重印)
ISBN 978 - 7 - 221 - 11291 - 0

Ⅰ.①中… Ⅱ.①闫… Ⅲ.①名著 - 介绍 - 中国 - 青
年读物②名著 - 介绍 - 中国 - 少年读物 Ⅳ.①Z835 - 49

中国版本图书馆 CIP 数据核字(2013)第 201276 号

中国名著甲乙丙

闫帮仁 编著

出版发行	贵州出版集团 贵州人民出版社
地　址	贵阳市中华北路 289 号
责任编辑	徐　一
封面设计	连伟娟
印　刷	三河市腾飞印务有限公司
规　格	850mm×1168mm 1/16
字　数	180 千字
印　张	13.5
版　次	2014 年 7 月第 1 版
印　次	2021 年 3 月第 2 次印刷

书　号：ISBN 978 - 7 - 221 - 11291 - 0 定　价:35.00 元

"快乐阅读"书系首批书目

语文知识类

秒杀错别字

点到为止
　　——标点符号的正确使用

当心错读误义
　　——速记多音字

错词清道夫

巧学妙用汉语虚词

别乱点鸳鸯谱
　　——汉语关联词的准确搭配

似是而非葱的祸
　　——常见语病治疗

难乎？不难！
　　——古汉语与现代汉语句法比较

作文知识类

议论文三步上篮

说明文一传到位

快速格式化
　　——常见文体范例

数学知识类

情报保护神——密码

来自航海的启发——球面几何

骰子掷出的学问——概率

数据分析的基石——统计

文学导步类

中国诗歌入门寻味

中国戏剧入门寻味

中国小说入门寻味

中国散文入门寻味

中国民间文学入门寻味

文学欣赏类

中国历代诗歌精品秀

中国历代词、曲精品秀

中国历代散文精品秀

语言文化类

趣数汉语"万能"动词

个人修养类

中国名著甲乙丙

世界名著ABC